かご伝

ナンタケットバスケット

八代江津子

The Legend of Nantucket Baskets

小学館

ナンタケット島の中心部

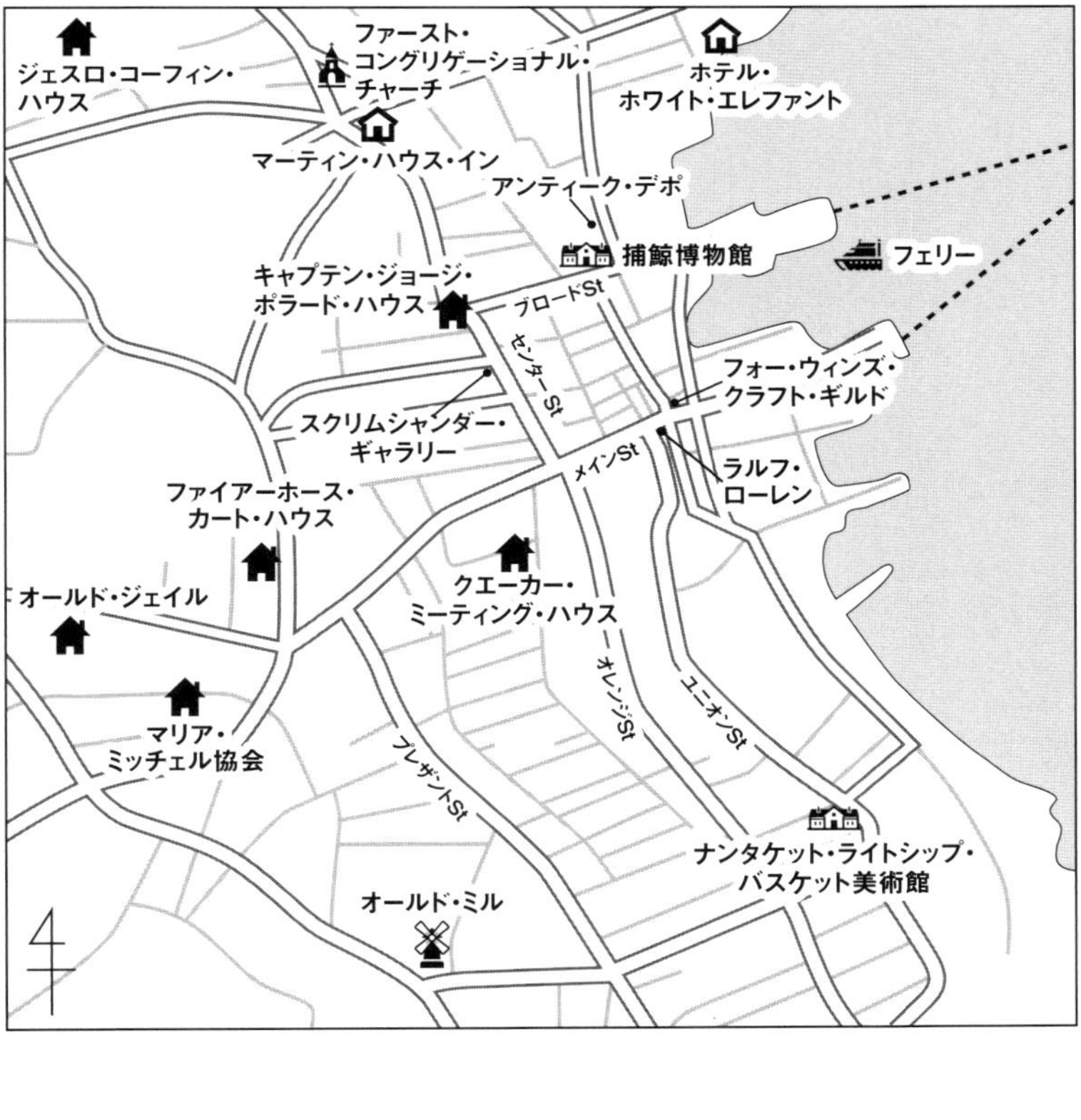

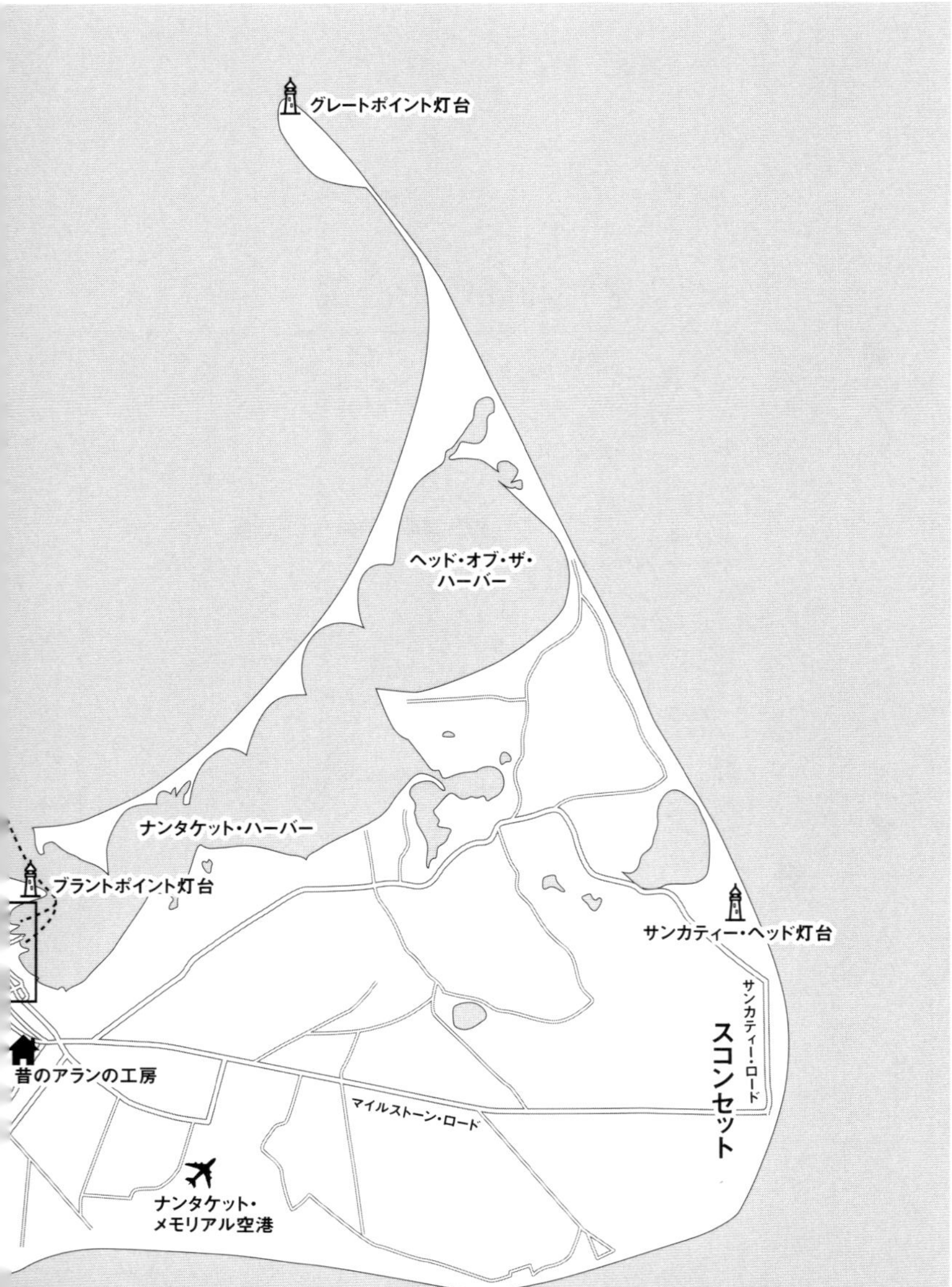
グレートポイント灯台
ヘッド・オブ・ザ・
ハーバー
ナンタケット・ハーバー
ブラントポイント灯台
サンカティー・ヘッド灯台
サンカティー・ロード
スコンセット
昔のアランの工房
マイルストーン・ロード
ナンタケット・
メモリアル空港

ナンタケット島

4

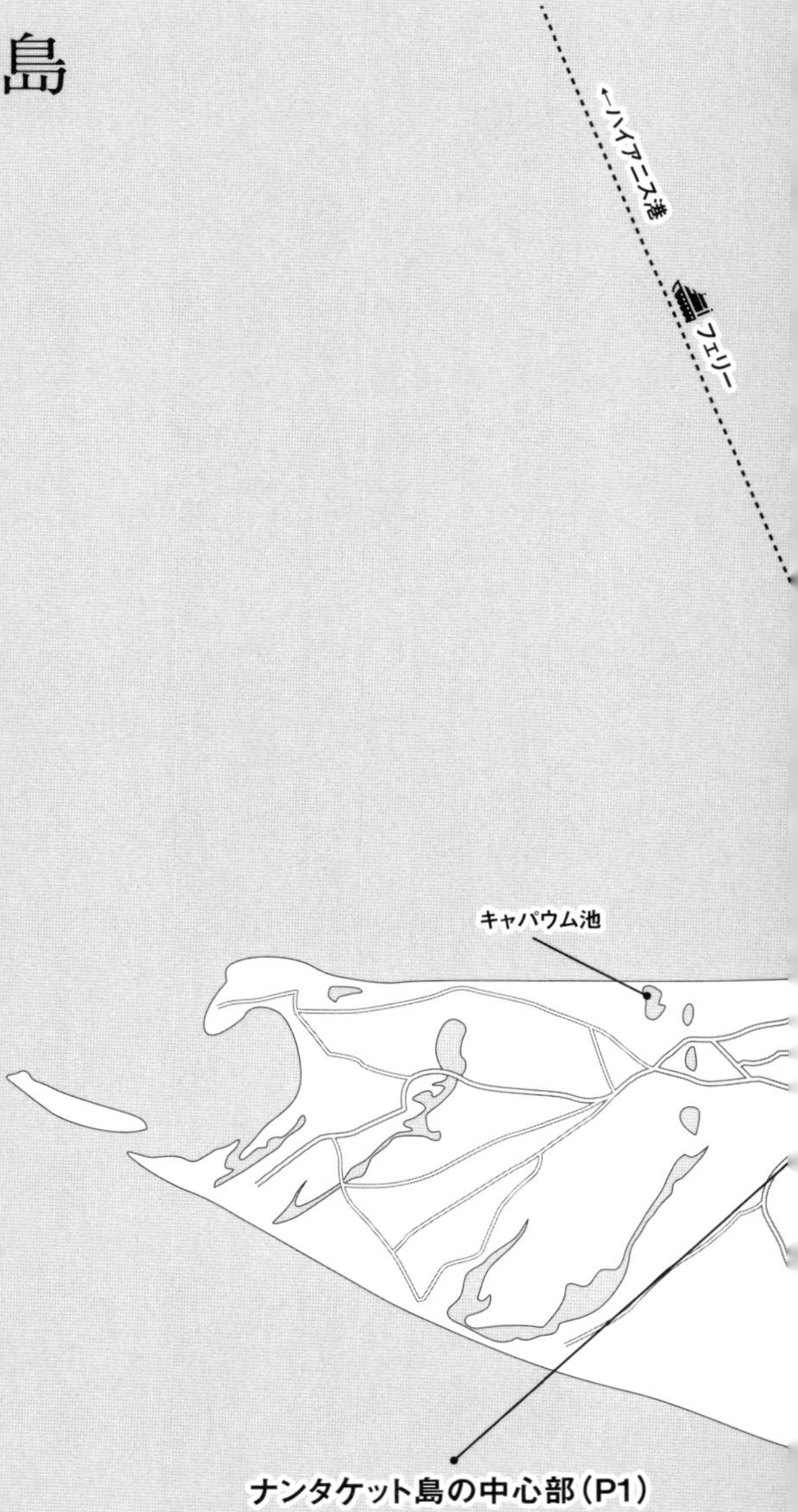

はじめに

ナンタケットバスケット～NANTUCKET BASKET。

アメリカ東部の大西洋にある小さなナンタケット島でつくられ伝承されてきた技術によるそのバスケットは、〝世界中で最も美しいかご〟と称されている。

ひとつひとつ手づくりで、緻密に編み込まれた伝統工芸品であり、つくり手も使い手も次代へと大切に受け継いでいく本物の価値があるものだ。

機械ではなく人の手で一目ずつ編んでいくのに、なぜ、これほど正確な編目と端正なフォルムができるのだろうか。

また、ナンタケットバスケットには、十九世紀のアメリカで捕鯨が盛んだった時代に生まれたという歴史があり、それが今では世界中の人の心を魅了する存在になった。

ジャクリーン・ケネディが愛用し、フランク・シナトラも上客だったなど、世界の一流の人々が選んだことからもその価値の高さがわかることだろう。

年月が経つほどにこっくりと飴色に変化していく風合いは、歴史というノスタルジックな時がナンタケットバスケットに授けたギフトのように思える。

私はナンタケットバスケットをつくりたいという思いに突き動かされたことにより、人生が変わった。

そして、ナンタケットバスケットの魅力をあますところなくお伝えしたく、この本を書いた次第である。

歴史を伝えるかご。

海を感じるかご。

人の心をときめかせるかご。

ナンタケットバスケットの魅力をじっくり味わうためには、その時代背景、ナンタケット島のこと、捕鯨の歴史についても知っていただきたいと思う。

本当によいものはずっと受け継がれ、人生に輝きをもたらしていく。

その証を本書で語ってみたい。

二〇一九年七月吉日

八代江津子

かご伝

ナンタケットバスケット

――目次

はじめに …… 004

序 章 ナンタケット島の今 …… 011

第一章 かごの魅力 …… 031
エリザベス女王に捧げられたかご／母から娘へ受け継ぐ／バスケットウエディング／ジャクリーンもシナトラも／ナンタケットバスケットを持つと／ナンタケットバスケットのある暮らし

第二章 かごと私 …… 049
海とともに育つ／ナンタケットバスケットとの出会い／かごに魅せられて／かごづくりの師匠を求めて／弟子入り詣で／住み込みの修業／アランとキャプテン・シーウィード／シングルマザーの不安と奮闘／教えることの始まり／バスケット協会／ボストンに店舗をオープン／日本人初、ナンタケットバスケット美術館で展示される

第三章 ナンタケット島の昔、かごの昔 …… 119
先住民と入植者／捕鯨を始める／鯨を求めて遠洋へ／捕鯨繁忙期ふたたび／

大火、そして捕鯨の終焉／かごの誕生／捕鯨船とかご／灯台船とかご／
〝死にかけている芸術〟と呼ばれて／蓋の付いたバスケットへ／
美しいリゾートアイランドでのかご

第四章　かごと鯨 …… 163
捕鯨の始まり／アメリカの捕鯨／鯨油を求めてどこまでも／ジャパングラウンドの発見／
黒船より前に日本に来ていた捕鯨船／ジョン万次郎／ペリーの黒船来航

第五章　日本で今、かごは …… 189
バスケットの輪の広がり／日本ナンタケットバスケット協会／
バスケットづくりで夢を叶える女性たち／ピースバスケット／かごのこれから

あとがき …… 206
かご伝　歴史年表 …… 210
主な参考文献 …… 218

装幀／クマガイグラフィックス
表紙イラスト／浜野史子

序章　ナンタケット島の今

この地球上には数えきれないほど多くの島が存在するが、最も〝優美〟という表現が似合う島といえばナンタケット島をおいて他にないだろう。

そこへの交通手段として飛行機や船があるが、私は船（フェリー）で行く方法をおすすめする。

なぜなら、出港するとすぐそばの浜辺に星条旗がはためくジョン・F・ケネディ家の別荘が見え、やがて航路の海の色の変化を感じながら、なだらかな島の美しい姿がだんだん間近になり、港が近づくにつれて見えてくる島全体の瀟洒《しょうしゃ》な景観に引き込まれていくという、ここでしか味わえない景色の楽しみを堪能できるからだ。それに海や港の風景は、かつての捕鯨時代の様子を彷彿とさせる。出航していく船員たちの希望や不安、帰港のときの歓びや高揚などを想像して、思いを巡らせる。

私の住むマサチューセッツ州のボストンから車で南東に向かって一時間半ほどで、ケープコッドの半島にあるハイアニス港に着く。

この小さな港からフェリーに乗り込むのだ。

港のレストハウスにはハンバーガーやベーグルなどの軽食がとれる店やテラスがあり、

乗船前の人々で賑わっていることも多い。

ナンタケット島行きの高速フェリーは、二階建てで、船体には〝Grey Lady（グレイレディ）〟という名が書かれている。

小さな港と小さな島を一日に何回も往復するフェリーは、夏のオンシーズンは赤ちゃんからお年寄りまで幅広い年齢層の観光客であふれそうになり、オフシーズンは島の建物のメンテナンスや建設に携わる人たちなどが席を占める。船内中央にはバーカウンターもあり、飲み物やお菓子が販売されている。

フェリーが進む海は日本の海の色とは異なり、青というより碧色《へきしょく》で透明感があるのが特徴だ。フェリーが引く澪《みお》は真っ白な軌跡を描いていく。

沖に出ると、空と海以外は何も見えない世界へ。

水平線でカットされるかのように空と海がくっきりと分かれているだけの景色のなか、フェリーはぐんぐん進んでいくのだ。

夏の航路には、やがてたくさんのヨットやプライベートボートが浮かぶ姿が見られるようになってくる。

冬の航路にはただ海が広がるだけだ。

そして、出港から約一時間。

辺りの海の色が明るい色へと変化を見せ、目の前に平べったい白い島が見えてくる。

それがナンタケット島だ。

白っぽく見えるのは砂でできた島（砂州《さす》）だから。

噴火の隆起でできた島と違い、氷河期から潮流が運び続けた大量の砂の積層によってできた島なので、実に平坦で、その輪郭はクロワッサンのような形をしている。

白くペイントされたかわいらしいブラントポイント灯台が見えてくると、それが島への到着の目印だ。


船着き場から見渡すだけでも、この島の何か統一感のある伝統的な街並がわかり、そこにこれから足を踏み入れるときめきで日常から非日常へと気持ちのスイッチが切り替わることだろう。

最も古い時代にイギリスからの入植が進んだアメリカの北東部の六州（メーン、ニューハンプシャー、バーモント、マサチューセッツ、ロードアイランド、コネティカット）をニューイングランドと呼び、その地域ではイギリス式の建物が特徴だが、ここにはそのニューイングランドに見られるクラシカルでいて洗練されたデザインの家々が建っている。島は、一年のうちの四十％は霧に覆われる。海風にさらされても強い杉材を用いた各家の壁は、潮によっていずれも灰色がかっていることから〝グレイレディ〟と呼ばれる島でもある。

先ほどのフェリーの名はそこからつけたものだ。

島全体がグレイの落ち着いたトーンをまとって、まるで時間が止まったかのような静謐《せいひつ》な空間をそこに見ることができる。

港からすぐに始まる島の中心部ダウンタウンの通りには、一面に石が敷き詰められている。それは石畳といえるほど平らではなく整然ともしていない。

石の大きさはグレープフルーツやカボチャくらいのものからバレーボールくらいのものまであり、いずれもかなりゴツゴツしている。

そうした石で覆われた道路は、さらにうねってもいる。

車はうねりと石の凹凸にまかせて左右に車体を揺らしながら、この通りをゆっくり進む。

それもまたのどかなものだ。

通りの両端の歩道や横断する部分には赤茶色のレンガが敷かれている。

ダウンタウンには、センスのよいお店やレストランが集約しており、洗練されたカジュアルファッションをまとった人々が行き交う。

ここは主にアメリカ東海岸の人々にとって避暑地、オフタイムをのんびり過ごす夏の楽園。

デッキシューズやサンダルがよく似合う。

歴史がつくり上げた石の道も、その足なら平気だ。


ナンタケットは島全体が国立歴史的建造物地区に指定されていることもあり、ファーストフード店やチェーン店はない。一般のお店でも勝手なデザインの看板は許されず、ルールに従わなくてはならない。建物のスタイルやペンキの色にも決まりがあり、お店もホテルも個人宅も上質でシックな雰囲気の外観を守り続けている。ニューイングランド様式のデザインで杉板の外壁で覆った〝グレイレディ〟に相応しい建物が基本的なルールだ。

消防署、警察署、銀行などもこのルールに従った建物となっているため、街並に見事に溶け込んで、一見どこにあるのかわからないほどである。

日本の東京ディズニーシーの「ケープコッド」のエリアは、この街並をモデルにしているそうだ。


この島のグレイの家々のドアのオーナメントや風向計（風見鶏）は、実に個性豊かでセンスがよい。鯨やホタテ貝、パイナップル、ナンタケットバスケットをはじめ、島の歴史にちなんだものをモチーフにして楽しんでいる。

島でいちばん高い建物は、ファースト・コングリゲーショナル・チャーチ（First Congregational Church）という教会の塔。

ほとんどの建物は二階建てか三階建てまでの低層なので、空が広く見える。

一八六一年に起きた南北戦争以前の建物をはじめ、多くの古い建物が残っていることでも知られており、こうした歴史の足跡を巡る散歩も島の楽しみ方のひとつだろう。

そのいくつかを挙げると、
島に現存する最古の家は、一六八六年に建てられたジェスロ・コーフィン・ハウス

（Jethro Coffin House）。結婚のギフトとして建てられたもの。ナンタケットの開拓地における初期の建築、家庭菜園を見ることができる。

一七四六年築のオールド・ミル（Old Mill）。風車の動力を使って石臼が回るようになっており、継続的に操業していた製粉所だったところ。その後、持ち主が代わり、トウモロコシを挽く工場になったが、再び製粉業者に買われ、のちにナンタケット歴史協会に寄付された。夏の間、この工場は今もトウモロコシを挽いている。

一八〇六年築のオールド・ジェイル（Old Gaol）。これは一六九六年に建築した牢屋が建て替えられたもので、一九三三年まで犯罪者を収容する施設として使用されていた。Gaol とは現在の刑務所（Jail）のことだ。

一八三八年築のクエーカー・ミーティング・ハウス（Quaker Meeting House）。もともとはクエーカー教徒の学校として建てられたが、一八六四年から集会所として使われた。

一八八六年築のファイアーホース・カート・ハウス（Fire Hose Cart House）。ここには十九世紀の消防用カートが残されている。

島の三分の一は自然保護地になっていて、貴重な野生の植物などが守られている。そのエリアをドライブで通ると、両側に見える自然林の風景からアフリカの草原にいるような錯覚を起こす。

さらに、街中の木々、家々の庭、ビーチなども昔から変わらない季節の恵みの美しさに満ちており、二十一世紀とは思えないみずみずしくのどかな空気を味わえる。

この島で過ごせば、目まぐるしい変化を遂げる現代社会から隔離されたくつろぎを誰もが感じるに違いない。

現在、グーグルの初代社長などそうそうたる顔ぶれのセレブたちがこの島に別荘を持っている。

別荘や住まいはかなり高額だ。

平均すると、アメリカの普通の広さの家で五億円くらいだろうか。

毎年夏の休暇をこの別荘で過ごし、お互いにナンタケットで夏の交流を持つ別荘族も少なくない。それは、上流社会の印でもある。

島の東端にあるスコンセットは、なだらかな海岸に沿ってシックな豪邸が並んでいる。

彼らの家は建物ばかりでなく庭までも広く美しく手入れされ、海岸に行く道すがらその風景を楽しむこともできる。

この辺りは、砕いた貝殻を敷き詰めた白い道が多い。島の特産物であるベイ・スキャロップ（Bay Scallop）というホタテ貝の殻を用いたものだ。

グレイの板張りの家々と、白い貝殻の道は、どこか懐かしい雰囲気を醸し出している。

ファッションデザイナーのラルフ・ローレンもこの島をこよなく愛した一人。

特にスコンセットの街を気に入っていたと聞く。

ラルフ・ローレンのブランドはナンタケット島をイメージしてつくられたといわれており、島にあるショップの壁には、航海の羅針盤が大きく描かれている。

街を行く人々の明るい笑顔に、ラルフ・ローレンの海を感じるトラッドテイストのファッションがよく似合う。

ナンタケットレッドという色をご存じだろうか？

それは、ナンタケットの土で染めた、独特の風合いのちょっとくすんだ赤。

レンガ色とオレンジ色がかかったような赤ともいえようか、やや、ひなびた感じの、温かみのある赤である。

ニューヨークの名門ヨットクラブ、ニューヨーク・ヨットクラブ（NYYC）のメンバーたちは、ナンタケット島のヨットレースを観戦するとき、このナンタケットレッドのコットンパンツとネイビーブレザーのスタイルが定番となっているそうだ。

私の手元にある一九八〇年くらいの日本のファッション誌には、アイビーボーイの定番だった穂積和夫《ほづみかずお》さんのイラストによる、ナンタケットレッドのコットンパンツにブルーのセーターを肩掛けしている男の子が載っている。そして、隣のページには、プレッピースタイルにナンタケットバスケットを持った女の子のイラストが……。

ナンタケットレッドとナンタケットバスケットは、アメリカントラッドファッションに欠かせないアイテムだったのだろう。

かつてこの島にあった「ウィーズ（Weeds）」というギフトショップでは、ナンタケットバスケットの編目をデザインしたウェッジウッドの食器のシリーズを販売していた。

店のオーナーのジオ・デイビス（当時ジオは、数少ない私の友人でもあった）が考案してウェッジウッドにオーダーしたもので、かごの模様が施された白い食器はエレガントでどんな料理にも合わせやすい。

ウェッジウッドといえば、ジョサイア・ウェッジウッドという英国陶芸の父と称される名工が創設した、テーブルウェアの伝統あるブランド。ナンタケットバスケットと「伝承する技術」という共通点がある。

今はもう「ウィーズ」はないが、ウェッジウッドの店ではこのシリーズの食器が販売されている。

ちなみに、私の島の定宿「マーティン・ハウス・イン（Martin House In）」では、このかご模様の食器を使った朝食が楽しみのひとつでもあるのだ。シリアルを入れて牛乳をかけてフルーツをトッピングする、スコーンやパンを載せるなど、シンプルなこのかごの模様の器でいただく朝食は、快適な一日の始まりをもたらしてくれる。

かごは島のシンボル的な存在になっており、いたるところで、かごをモチーフにしたものに出会える。

ホテルのドアノブにかける〝DO NOT DISTURB〟のメッセージ。

街角の植木鉢。

住居表示のプレート。

ドアにかけられたオーナメント。

レストランのナプキンリング。

土産店や雑貨店でも。

もちろん、かごを持った素敵なマダムやレディも。


では、ダウンタウンのナンタケット島らしい場所をいくつかご紹介しよう。

一八四六年に建てられた捕鯨博物館（Whailing Museum）には、貴重な捕鯨の歴史資料などが多く展示されている。実際に当時の捕鯨船による捕鯨の様子を映した映像を観ながら説明を聞くこともできる。捕鯨船の模型、捕鯨船で使われた道具、捕鯨船の乗組員たちがつくったかご、鯨の歯や骨を削ってつくった工芸品（カービング）なども見られる。


キャプテン・ジョージ・ポラード・ハウス（Capt.George Pollard House）は、実在した捕鯨船・エセックス号のポラード船長（キャプテン）が住んだ家だ。ナンタケット島ゆかりのハーマン・メルヴィルが書いた小説『白鯨』のモデルになった。

今ではアートの店になっているが、建物には〝ポラード船長の家〟というプレートがあり、歴史の足跡が窺《うかが》える。

この建物があるところは、センター・ストリートだが、捕鯨船の船長の多くはその道からまっすぐ続くオレンジ・ストリートに住まいを構えた。プレザント・ストリートには捕鯨船主の家、ユニオン・ストリートには航海士の家というふうに、住み分けがなされていた名残が感じられよう。


ナンタケット・ライトシップ・バスケット美術館（Nantucket Lightship Basket Museum）。

この島で生まれ、伝承されてきたかごの〝歴史〟と〝今〟を集めたところ。

昔のかご、代表的な作家たちのかごが収められている。

ここでしか見られない貴重なものも多く、展示は毎年変わるので、何度訪ねても飽きることがない。

毎年、五月にオープンし、十月に閉館する。


アンティーク・デポ。

歴史のあるナンタケットバスケットが陳列され、販売もされている。

土産物店のかごと違い、ここでは本物のかご=ナンタケットバスケットを見ることができる。

オーナーのジャック・フィリッチは「かごのことなら彼に聞け」といわれる人物。

運がよければこの島やかごについてのとっておきの話が聞けるかもしれない。

スクリムシャンダー・ギャラリー。

スクリムシャウのお店。スクリムシャウとは、鯨の歯に針のようなもので彫って絵を描いて色を入れたもので、これもナンタケット島の伝統工芸だ。ここはその技術の第一人者、スクリムシャウ作家のマイケル・ヴィニューの店で、彼の繊細で芸術的な作品がたくさん並べられている。それを見ることは、貴重な歴史を知る思いだ。

島の人口は、オフシーズンとオンシーズンでは大きく変わる。

秋から冬のオフシーズンは、住民だけなので、人口は約一万人。

それが六月から始まる夏のオンシーズンには、避暑に来る別荘の住民や観光客で五倍くらいに膨れ上がるのだ。

七月には、島の花である紫陽花《あじさい》、バラなどが満開になる。静かな島は、夏の訪れとともに一気に賑やかかつ華やかになり、街のお店も活気であふれる。海にはヨットやクルーザーが浮かび、海岸にはサーファーたちの姿も多くなる。島を巡る足として人気なのは自転車で、港に軒を並べるレンタサイクルの店も大忙しだ。かつて船長たちが愛用していたという老舗のレストランでは新鮮なシーフードを使った料理が味わえる。港のそばの店でBRT（ベーコン&レタス&トマト）サンドウィッチやサラダをテイクアウトしてピクニックをするのもいい。

やがて秋になると島は再び静けさを取り戻す。

十月第三週はクランベリーの収穫が行なわれる。

ナンタケット島にある湿地帯はクランベリー畑に適しており、クランベリーは島の特産物でもある。畑に水をいっぱい入れて浮かんだクランベリーの実を収穫する方法は伝統的なもの。収穫したクランベリーに砂糖がけした〝クランベリーフロスト〟をガラス製のバスケットに入れれば、それはナンタケットスタイルと呼びたいテーブルの演出。私も自宅でよくつくっている。一年中味わえるものとしては、島で製造販売しているクランベリーチョコレートがおすすめだ。

十一月から三月は、ナンタケット・ハーバーでしか獲れないベイ・スキャロップが解禁に。

これはかなり小振りのホタテ貝で、生まれたばかりの赤ちゃんの手のひらくらいの大きさだが、普通のホタテ貝よりも糖度がかなり高く、甘いだけでなくプリプリした食感で実においしい。ふだんホタテが苦手な人でもこれを食べるとたちまちやみつきになるほどだ。

冬のナンタケットは、気温はマイナスになり、雪もかなり降る。

北海道と同じくらいの緯度といえば、その寒さが想像できることだろう。

雪の積もった通りでソリを楽しむ子どもの姿は愛らしい。夏休みの島として知られるナンタケット島の、住民しか知らない別世界といえるかもしれない。

周囲の海も凍ってシャーベット状になり、フェリーはそれを砕くように進む。

やがて春の足音とともにそろそろオンシーズンが近づくのを知らせる風物詩は、島を彩る水仙の開花。黄色い大きめの花の水仙だ。四月の終わりに水仙祭りがあり、賑やかなパレードも行なわれる。

水仙だけでなく、春には八重桜なども、島をいっせいに鮮やかに飾る。

グレイレディの街並に天然色の花々が新鮮な息吹をそそぐかのようだ。

この島に咲く花の品種は、イギリスをはじめ外地から持ち込まれたものがほとんどだという。

私が大好きな紫陽花は、もともと日本が原産地なので、島で紫陽花を見るたびに日本と繋がっているようでうれしくなる。


このようにナンタケット島の四季はみずみずしく、いつも海とともに彩られているのが特長といえよう。

トラックいっぱいに積まれ収穫されたクランベリーの赤と、海の青の清々《すがすが》しい調和。その鮮やかなコントラストは、収穫の喜びを放っている。

島中に咲き誇る水仙の黄色、八重桜のピンク、紫陽花の青や紫、バラのピンクや赤、ライラックの紫……どんな花も、海の色と見事なハーモニーを見せてくれる。

冬は白い雪に覆われるが、海は凍てつくような風と一緒に厳しい季節を過ごす。

大切に受け継がれてきた島の歴史や自然は、人々の五感をゆったりと再生させてくれるように思える。

せわしない毎日を生きている私たちにとって、これほどの贅沢があるだろうか。

そして、この島に生まれたからこそ、ナンタケットバスケットは唯一無二の魅力を生み出したといえるのだ。

では、そんなかごについて、掘り下げて紹介していこう。

第一章　かごの魅力

見た人がたちまち引き込まれていくナンタケットバスケットの美しさだが、そこにまつわるエピソードや人物を知ると、さらにときめきは増すことだろう。

このかごは、ただものではない。

ずいぶん昔からたくさんの人の心をとりこにしてきた。

長年かごをつくり続けてきた私が、いまだに追求するほどの奥深い魅力を持っている。

エリザベス女王に捧げられたかご

かごにはどんなイメージがあるだろうか?

海やピクニックに持っていく?

Tシャツとショートパンツに合わせるようなリゾートシーン?

デニムやコットンシャツが似合うカジュアルさ?

どれも正解であり、ナンタケットバスケットもそのように使われるかごでもある。

だが、ナンタケットバスケットに限っては、さらに、ステイタスという魅力を加えなければならない。

たとえば、一九五三年に行なわれたエリザベス女王の戴冠式に、当時のアメリカのアイゼンハワー大統領が贈呈したのが、ナンタケットバスケットであった。

イギリス王室で唯一〝Her majesty（女王陛下の意味）〟を冠して呼ばれる最高位の女王に、アメリカの国家元首である大統領が、戴冠式という歴史的な節目のお祝いの品としてプレゼントするのだから、どれほど重みのあることだろう。

そこに選ばれたナンタケットバスケット。

世界中のトップたちが女王のために選んだたくさんの豪華な贈呈品のなかに、ナンタケットバスケットも入っていたという史実。

「エリザベス女王の戴冠式に贈られたかごとは、どんなもの？」

と、興味がわくのではないだろうか？

それは、ホワイトハウスでフォーマルとして許されている唯一のかごでもある。

他のかごであれば、ホワイトハウスのフォーマルな場ではマナー違反となるが、ナンタケットバスケットはその価値が認められているのだ。ニューヨーク社交界でも、フォーマルとして扱われている。

ちなみに、クリントン大統領の時代には、ホワイトハウスのクリスマスツリーに、小さなナンタケットバスケットのオーナメントがたくさん飾られたものである。

世界には、職人のこだわりの技術と情熱から生み出され、セレブたちに愛用されている伝統的なブランドがいくつかある。

たとえば、エルメス。

一八〇一年にドイツで生まれたティエリ・エルメスは、十三歳でパリの馬具用品店に見習いに入った。

素材選びから妥協しない頑固な職人そのものだった彼が一八三七年に創設したのが、エルメスである。

ただの馬具用品店ではなく、エルメスというブランドとしての品質と価値を追求し、その技術の高さはパリ万博で何度もグランプリを獲得するほど。エルメスのものづくりの技術とセンスは息子へ孫へと代々受け継がれ、百八十年以上経った今でも世界最高ランクのブランドとしてその地位は揺らぐことがない。

そして、〝かご界のエルメス〟といわれているのが、ナンタケットバスケットなのだ。

その共通点は、素材も技術も妥協しないクオリティの高さ、熟練技術の伝承による完成された美、何年経っても飽きない本物の魅力、だと思う。

母から娘へ受け継ぐ

アメリカには日本の成人式のようなものはないが、〝Sweet Sixteen〟（スウィート・シックスティーン）という習慣がある。

十六歳になった女の子を大人の仲間入りとして認めるという意味で、パーティーを開いて盛大にお祝いをするのだ。

これはとても楽しみな一大イベントで、家族が念入りな準備をして、ゲストも決めて、サプライズも用意して、わくわくどきどきする企画を立てる。

主役の十六歳の誕生日を迎えた少女は、お気に入りのドレスでお洒落をしてまるでプリンセスのような気分を味わう。

そのスウィート・シックスティーンのとき、アメリカの上流家庭では、母親からナンタケットバスケットをプレゼントされるのが恒例となっている。

それは、その子の母親が大切に使ってきたもの。

母親もそのまた母親から譲られたもの。

代々にわたって受け継がれてきたその家の誇りであり、「あなたも今日から一人前のレディ」という証でもある。

あるいは、この日のために用意した真新しいナンタケットバスケットを贈ることもある。そこには、いずれ娘が家庭を持ったら受け継いでいってほしい、というファミリーの思いが込められている。


私がナンタケット島で出会った大好きな友人のスウィーティー（本名ダリル・ウェストブルック）もその一人。

彼女の住まいはナンタケット島の東端に位置するスコンセット。この地で生まれ、美しい海の景色を見ながら育ったお嬢さんだ。

スウィート・シックスティーンのお祝いに、母親から、大事に受け継がれてきたナンタケットバスケットを贈られたスウィーティーは、早速そのかごを愛用するようになった。

あるとき、ダウンタウンへ買い物に行くのにも持っていった。

住まいのあるのどかなスコンセットの貝殻の道と違って、お洒落なダウンタウンの石を敷き詰めた道を歩くのは、島の少女にとって気持ちが弾むこと。夢中でいくつかのお店を覗いて、買い物を済ませた。

ところが、ふと気がつくとかごがない。

どこでどう紛失したのか、まさか盗まれたのだろうか。その日の行き先をあれこれ探してみたが、見つからない。

記念すべき十六歳に母から贈られた尊いかご。

しょんぼりして帰るスウィーティーの姿が目に浮かぶようだ。

きっと、家族からも叱られたのではないだろうか。

……それから、三年後。

島の男性が、クランベリー畑でひとつのナンタケットバスケットを見つけた。

蓋《ふた》を開けてみると、クォーターボードに〝Happy Birthday SWEETY〟とある。

小さな島のことなので、すぐにそれがスコンセットのスウィーティーのものとわかり、彼女のもとに届けられたという。クォーターボードとは、自分の船に付ける名前の板のことだが、それを模してかごの蓋の裏に付けることもよくあるのだ。

三年ぶりに戻ったスウィーティーのかごは、色こそ少し変わっていたものの、まったく形は崩れていなかったそうだ。

そんな思い出話をしてくれたスウィーティーは、七十歳を超えた今でもそのかごを大事に持っている。スウィート・シックスティーンに母から贈られたかごをいつまでも大切にする、そこに素敵な家族の絆を見るようである。


駐日アメリカ大使だったキャロライン・ケネディも、私がお会いしたとき、

「まあ、ナンタケットバスケット！　そう、そうね、私も持っていたわ」

と懐かしそうに語ってくれた。

キャロラインのお母様は、ジャクリーン・ケネディであることは周知の通り。アメリカを代表する上流家庭の母娘だ。

ジャクリーンはファーストレディという特別な女性だったため、そのかごは亡くなってから遺品としてオークションにかけられて、他の人の手に渡ったと聞き、残念でならない。

日本でも、祖母から母へ、母から娘へと、着物や宝石を何代も大切にしていくが、ナンタケットバスケットも同じように受け継がれていくものなのである。

バスケットウエディング

ナンタケット島には独特なウエディングスタイルがある。

それは、花嫁も、ブライドメイドたちも、ゲストたちも、参加する女性たち皆がそれぞれのナンタケットバスケットを持って集う〝バスケットウエディング〟。

ドレスコードが白であることも。

通常、白は花嫁とかぶるから着てはいけない色とされているが、バスケットウエディングではそれは問題にならない。

白いドレスとオーク色のかごは最高に素敵なコーディネート。

全員が白いドレスを着て、リボン、レース、貝殻や象牙などのオーナメントの付いたさまざまなかごを持つさまは、実に華やかだ。

島の青い海と空と緑とさわやかな潮風も祝福してくれるかのようであり、すべてナチュラルな色の調和が醸し出す、一枚の絵画のような光景は、ため息が出るほどの美しさだ。

本書の二章で書いている私の経験談にも出てくるが、私が初めてナンタケットバスケットを目にしたのは、ナンタケット島にバカンスで訪れたときのホテルの庭で、偶然遭遇したバスケットウエディングのシーンでだった。

海に面したその高級ホテルの芝が敷かれた庭にテントが張られ、白いリボンを飾った椅子が並べられ、結婚式場に。幸せいっぱいの花婿と花嫁が腕を組んで並び、花嫁のもう片方の腕には象牙の飾りを施した蓋の付いたかごが白いウエディングドレスとセットのように美しくおさまっていた。

ブライドメイドたちはお揃いのドレスにやはりさまざまな飾りの蓋の付いたかごと花束を持って勢揃い。

さらには、ファミリーや友人たちもめいめいのかごを持っていた。

皆がかごを持つことで、その結婚をお祝いしている気持ちを表しているかのようだ。

海のある風景に、そのかごがなんと似合うことか。

ドレスもバスケットもデザインや大きさはさまざまなのに、何かしら上品で伝統的な統一感があるように感じられた。

海の輝かしい碧《みどり》、空の透明感のある青、芝生のビビッドな緑、ドレスやリボンの清らかな白、かごのぬくもりのあるオーク色、穏やかな潮風にさえも虹色がついているように思え、これまで見たことがない天然色のハーモニーに感動があふれたのを思い出す。

まるで映画のような、全員の笑顔が輝いている美しい結婚式。

何十年経った今でも、心をとりこにされたあの瞬間は忘れられない。

三章で詳しく語っていくが、その昔、ナンタケット島は世界を代表する捕鯨の拠点だった。

捕鯨は遠洋で行なう命がけの仕事。

一家の男手が捕鯨船で漁に出ると、長い年月の間離ればなれになり、家を守る者たちはいつも無事の帰還を祈っていたことから、家族の繋がりが強くなっていったことだろう。

家族を思って編んだかごは、家族の絆の証ともいえる。

そんな由来を持つかごが主役となるバスケットウエディングは、まさにナンタケットならではのファミリーの象徴だと思うのだ。

ジャクリーンもシナトラも

先述したジャクリーン・ケネディは、第三十五代アメリカ大統領ジョン・F・ケネディのファーストレディであり、なおかつ、ファッションアイコンとして注目され続けた女性だ。

彼女のファッションは愛称ジャッキーから名付けた「ジャッキー・スタイル」と呼ばれ、洗練されたシックでシンプルなファッションは、たびたびニュースにもなったほど。日本で二〇一七年三月に公開された映画『ジャッキー／ファーストレディ　最後の使命』でも、そのファッションが見所のひとつになっていた。帽子、サングラス、スカーフ、大粒のパールネックレスなど、小物づかいの上手さも際立っており、それが彼女らしさともいえる。たとえば、ノースリーブのドレス、肘丈の手袋、大粒のパールネックレスの組み合わせは、彼女が好んでいたスタイルで、さまざまなシーンでバリエーションを見せている。

また、彼女が愛用していたアクセサリーは特別なネーミングが付けられている。「Piaget（ピアジェ）」のジュエリーウォッチは〝ジャッキーウォッチ〟、「Tiffany（ティファニー）」のブレスレットは〝ジャッキーブレスレット〟。世界中の女性たちの憧れの存在であったジャクリーンの魅力は、今でも色褪せていない。

そんなお洒落上手なジャクリーンがナンタケットバスケットを愛用していたことは、実際に娘のキャロラインからも聞いているが、とてもうれしいことである。

現在活躍している女優やファッションリーダーの女性にも、ナンタケットバスケットを愛用している人は少なくない。

本当の品質を見極める力があるからこそ、ナンタケットバスケットを選ぶのだと思う。

フランク・シナトラもナンタケットバスケットをよく買っていた上客だった。

アメリカを代表する世界的エンターテイナーだった彼は、『My way（マイ・ウェイ）』などのヒット曲で日本でもよく知られていた。亡くなった翌年の一九九九年三月の第七十一回アカデミー賞ではその功績をたたえたトリビュートが行なわれたほど、人気、実力ともにアメリカ屈指の存在だ。

そんな彼は、数多くの女優たちと浮き名を流したプレイボーイでも知られた。

そのお相手はマリリン・モンローをはじめ華麗な顔ぶれ。

たくさんの恋愛に満ちた人生において、彼は大切な女性にナンタケットバスケットをプレゼントしたのだろうか。

心のこもった手づくりのかごは、愛のメッセンジャーの役割も果たしたのかもしれない。

ナンタケットバスケットを持つと

私は現在ボストンと日本を行き来し、出張も多い生活を送っているが、どこに行くのにも、必ずナンタケットバスケットを持っていく。

大きさも形もさまざまな自分のバスケットコレクションのなかから、その日のファッションやスケジュールによってどのかごを持つか選ぶ。

このかごは、Tシャツとショートパンツのカジュアルファッションでも、パーティードレスでも、着物でも似合う、不思議なエレガンスさを備えている。

そのうち、あることに気がついた。

ナンタケットバスケットを持っていると、いろいろなところで、声をかけられることが多いのである。

空港、街中、レストランやカフェ、ショッピング中のお店、美術館……世界中のいろんな場所で。

「あら、ナンタケットバスケットね、きれい」

「ナンタケットバスケット、とても素敵。私も持っているの」

そんなふうに声をかけられることが多い。

どうやら、ナンタケットバスケットを持っていることは、その人の生活している世界がわかるものさしとなり、それだけの価値がわかる人という意味で、国境の壁を超えて相手に安心感を与えるようなのだ。

同じ価値観を持つ安心感なのだと思う。

最近は日本でも知っている方が増えてきて、時折、「ナンタケットバスケットですよね」と声をかけられたり、「私も欲しい」と言われたりすることがある。

日本の美術館の展示会などで鑑賞しているときに、館長さんからかごを褒められることもある。このような鑑識眼がある方もナンタケットバスケットの美しさを認めてくださっているということを実感している。

私が日本にこのかごを伝えてから今日までは長い道のりだったが、ナンタケットバスケットの価値が広まってきたという実感は、これまでの苦労を忘れるくらいうれしいことだ。

ナンタケットバスケットのある暮らし

ボストンの友人のお宅に招かれたときのこと。

彼女は私がバスケット作家だと知っているので、自分の持っているナンタケットバスケットを見せてくれた。

いくつもあるなかで、とても印象的だったのは、結婚するときに夫から結婚記念のギフトとして贈られたかご。トップベース（蓋の板）に、結婚式を挙げたナンタケット島の教会のスクリムシャウが描かれている。

もうひとつは、ダイヤモンド（横長の六角形）の形をしたかご。クォーターボードに、彼女のイニシャルが入っていて、とても素敵だった。

どちらのかごもナンタケットバスケットの伝統が見事に息づいている、すばらしいもの。彼女の愛に恵まれた人生を表しているかのような存在感があった。

その一方で、ナンタケットバスケットは、生活のなかでもたっぷり使ってほしいものでもある。

生きたバスケットとして、自由に使ってほしい。

東京にある私の実家では、キッチンにもリビングにもさまざまな形や大きさのかごがあり、家のあちらこちらで活躍している。どれも母が編んだかごだ。

その使い方は、たとえば、フルーツを入れる、ナプキンを入れる、カトラリーを入れる、郵便物を入れておく、雑誌を入れておく、編みかけの編み物を入れておく……ナンタケットバスケットは編目がきっちりしていて美しさと丈夫さを兼ね備えているので、使い込んでも大丈夫。マトリョーシカのように入れ子にしたかごは、飾っておいても楽しいし、それぞれ使う楽しみもある。

こんなふうに暮らしのなかでかごを活用することを、私は「ざくざく使う」と言う。「ざくざく」には、細かいことを気にせずに、自由に、というニュアンスを含めている。

外出時に蓋付きのお洒落なかごを持つだけでなく、日常生活においてもいろいろなかごをざくざく使ってほしい。

かごは飾っておくものではなく、愛用してこそ、時間とともにかごの持ち主になじんでいくものなのだ。

伝統工芸品は脈々と使われてきたなかで、その価値が研ぎ澄まされてきた。そして生き残ってきた「伝ふるもの」なのだ。

ナンタケットバスケットをつくる手仕事は、長い修業によって習得できる熟練の技が必要。ひとつの完璧な美のかごを生み出すのにどれだけ長い時間を要することか。だからこそ、ざくざく使うことが、かごのつくり手の冥利に尽きるのだと伝えたいと思う。

では、このかごをつくるのがいかに難しいか。私の体験をお話しすることでお伝えできたらと思う。

第二章　かごと私

なぜ、私はナンタケットバスケットに身命を賭すほど夢中になったのだろうか？

このかごをつくれる人はナンタケット島にしかいなかった。

私はその門外不出の技術を教えてもらうことを許され、さらにそれを日本に広めた。

なぜ、そんな大変なことをしたのだろう？

今でもふと、そんなことを思うときがある。

そして、ひとしきり自分のこれまで歩んできた道を振り返り、「必然だったのかもしれない」と感じることがある。

ジグソーパズルのピースがぴったりはまって絵が完成していくように、私の人生は生まれたときからナンタケットバスケットとともに生きるべくパズルのピースが次々とはまっていったのではないかと思うから。

そんな私のこれまでの人生をお話ししていこう。

海とともに育つ

私の父はもともと競艇場のボートの技師だったが、旧江戸川に合流する新中川でマリーナを始め、ボートのレーシングチームをつくって活動していた。それを目に留めた方に乞われて、その後、神奈川県横須賀市にある佐島《さじま》マリーナに関わることになる。

そんな父の仕事の関係で、横浜生まれの私だが、遊び場となったのは三浦半島の油壺《あぶらつぼ》。父はそこに合宿所を持っており、よく連れていってもらった。

相模湾から入り込んだ油壺湾は奥行きがあって海面が油を流したように静かなのでその地名が付いたといわれる。樹木が繁った両岸が迫る入江から見る海の青さとともに、海の向こうにそびえる富士山の姿も日常の風景だった。

幼いときから広大な海はいつも私の友だちだった。

それも泳いだり海辺で遊んだりするよりも、ボートに乗って海の上にいることが多かったように思う。

さらに、叔父は日本にサーフィンを持ち込み、サーフィン界でレジェンドといわれる人物。その影響で、私は中学からサーフィンを始めた。

その一方で、教育熱心な家庭だったので、小さい頃から習い事で一週間の予定はびっしり、学校の友だちと遊ぶ時間はなかった。ピアノ、ラボ（子どもの英語交流クラブ）、日本舞踊、お茶、お花……。無理矢理習わされていたのでずる休みをしたこともしょっちゅうだったが、ラボだけは楽しくて、中学生のときにアメリカでホームステイなどを経験した。

それが私にとってアメリカ初体験で、自由な国、家族を大事にする国という印象を持った。

高校では山岳部に入り、夏は山登り、冬は山岳スキー。

特にスキーに夢中になり、私は存分にスキーをしたいがために毎年冬休みと春休みには長野県の横手山《よこてやま》の山頂ヒュッテで住み込みのバイトをした。

ヒュッテのオーナーのしげちゃん夫妻は、不便な山頂に住んでいるから、たいていのものは自分たちでつくって賄っていた。

しげちゃんの奥さんを私は「妙子《たえこ》ねえさん」と呼んでいたが、妙子ねえさんはパンもカーテンも洋服もなんでも器用につくってしまう人で、その凜としたたくましさに憧れたものだ。何度もその活力に圧倒され、その力の源をたずねると、

「やろうと思ってできないことはないよ」と妙子ねえさんはきっぱり。切り捨てるように言い放つ強い人だ。

その言葉に刺激されて、人間、がんばればなんでもできると思い、私は横手山から草津まで山道をスキーで帰ったこともある。

その道中にある山田峠は標高二、〇四八メートルもある難所で、危険だから絶対一人では行くなと言われていたけれど、準備を入念にして、天候を選び、一人で帰ってみた。しかし、草津駅に着いたら履き替える靴を忘れており、仕方なくスキー靴のまま電車に乗って家まで帰ったので、せっかくの武勇伝が笑い話になってしまった。その後、届けてもらった靴を受け取った母は驚いていたが。

山岳部は私以外は男子ながら、そこのキャプテンになり張り切っていたが、二年生の終わりには皆、大学受験のために部活動から引退しなくてはならない。

私はなんだか元気さを削がれた気分だった。

すると、早々に大学合格が決まってヒマを持て余していた私に、父がこう言ったのだ。

「ヨットスクールがあるけど、行ってみるか？」

めんどうなので気のない返事をすると、私の性格を知り尽くした父は、

「こわいんだろ？」と。

ムッとした私は、行くことに同意していた。

そうして佐島のヨットスクールに。ヨットの操縦は、潮の流れと風の変化を読み、マストに帆を展開する。その時々の状況によって判断が違い、自然相手なので同じ状況はない。

そのおもしろさに私は夢中になり、スクールの卒業レースではぶっちぎりの優勝だった。

その縁で「社会人ヨットに乗ってみない？　おもしろいよ」という誘いに気持ちが動いた。

ヨットレースはことのほかおもしろく、外洋を回るようになり、大学を中退して、ヨットの生活に没頭していったのである。

というと、優雅に思われるかもしれないが、ヨットの上は風や嵐とも戦う、過酷な世界だ。一瞬の判断が生死を決めることも多い。完璧と呼ばれた私の師も、海で命を落としている。

しかし、それでも海はいつも私とともにあり、あることが当たり前だった。

幼い頃からずっと海とともに育ち、海と過ごす日々を送ってきた私だからこそ、やがてナンタケットバスケットに出会ったとき、海の香りのするバスケットだと感じて、たちまち惹かれたのかもしれない。

まるで海の分身に巡り合ったかのように。

ナンタケットバスケットとの出会い

さて、成人になった私はある大手企業で事務職をしていたが、そこでは女性社員は〝女の子〟という扱いで、お茶汲みとコピー取りをするだけの毎日。

あまりに合わなくて三か月でやめ、広告代理店の営業職に転職して仕事を楽しんでいた。結婚し、長男を出産しても仕事を続けていたが、疲れるよりも楽しくて、充実した日々を過ごしていた。

でも、二十九歳で次男を出産すると、二人の幼子《おさなご》を育てながら残業も多い広告業界のハードな仕事を続けていくのは無理だという周囲の意見もあり、退職。

家庭に入ると専業主婦を楽しみ、『ＬＥＥ』などの雑誌にも取り上げられるほど主婦を謳歌していたが、何かもの足りなかった。母と妻というタイトルに、もの足りなさを感じていた。

そんなある日、乳飲み子の次男をベビーカーに乗せて買い物に出かけたデパートで、「Ｂ級ライセンス受付中」という告知が目に留まる。

ベビーカーを押しながらその受付に行き、説明を聞くと、ＪＡＦ（日本自動車連盟）が主宰する国内Ｂ級ライセンスの講習会の案内だった。

Ｂ級ライセンスは四輪自動車のモータースポーツを始めるのに必要なもので、取得すればラリー、ジムカーナ、ダートトライアルに出場できる。ラリーは使用許可を得て封鎖された林道などの公道を使い、車のタイムを競う。ジムカーナは一般道ではない場所でパイロンの間を縫うように車を走らせて、タイムを競う。ダートトライアルは舗装されていない路面に設定されたコースを走ってタイムを競う。いずれもスピードだけでなくコーナーのこなし方や路面コンディションの捉え方などドライバーのテクニックが勝負の決め手となる。

ちょっとやってみようかな、私は受講を申し込むことにした。無理矢理眠らせていた私の中の「何かしたい」という元気虫がたちまち騒ぎ始めたのかもしれない。

ベビーシッターに子どもたちを頼んで講習を受けるだけで、あっけなくＢ級ライセンスが取得できた。

どうせなら国内Ａ級ライセンスも取ろうと思う。

Ｂ級ライセンスではレースへの出場はできないが、Ａ級ライセンスを取得すれば国内の各種レースに出場できる。実際にレースに出るかどうかはともかく、やるからには上を見てみたかった。

ひどく苦労してA級ライセンスも取得すると、私は自分を取り戻したかのように生き生きとして、カークラブに入り、ジムカーナやダートトライアルのレースに出場した。子どもたちを実家の母やベビーシッターに預けてまで、カーライセンスを取ってレースに出場したことを無謀だと言われても呆れられても、そのときの私にとっては立ち止まると死にそうな回遊魚に酸素を与える術《すべ》のようなものだった。おもしろかった。

しかし、夫から「もう、車はやめてくれ」と言われることになる。

「最後に、一人でデュッセルドルフからパリまでのアウトバーンを走らせて。そうしたら、もう車はやめる」

とわがままなお願いをした。「お願い」が必要なのが、私の最初の結婚だった。

アウトバーンとは、ドイツなどを通る高速道路で、速度無制限の区間があるので、日本では絶対できないハイスピードで車を走らせることができる。

私は思い切りアウトバーンを走って帰国すると約束通りに車の競技をやめたが、専業主婦としてだけの生活が続くと、何かが違うと私の心はざわついた。

そんなことがあったので、大学病院の医師だった夫にアメリカ転勤の話が来たとき、

「行こう！」と後押ししたのは、一緒にアメリカへ行けば何か新しいことが始まるかも、という期待があったから。新しいことは楽しい！

このアメリカ転勤が運命の大きな渦の始まりだった。

私は三十二歳になっていた。

一九九四年、夫はアメリカのボストンに転勤した。

若い頃ヨットに熱中していた私は、アメリカ東海岸の避暑地であるナンタケット島という島があり、有名なヨットレースが行なわれることを知っていたので、ぜひ行ってみたいと思った。

そこで、新生活が落ち着いた頃、家族でナンタケット島に遊びに行くことに。

ちょうど七月のサマーバケーションの時期で、日本から遊びに来ていた義母や義妹も一緒だった。

ボストンから車でハイアニス港に行き、そこから高速フェリーで一時間ほどで着いたその島は、こぢんまりとしていながらヨーロッパの雰囲気を感じる美しい風景に満ち、バケーションに来ている人々も皆、洗練されたお洒落をしていた。

カジュアルなのにエレガントなその姿を目にして、育児に追われて身なりを構っていなかった私は自分のありさまが恥ずかしくなり、慌ててマニキュアを買った。

そのとき滞在したのは島でその当時一番高級なホテル「ホワイト・エレファント（White Elephant）」が経営する海上のコテージで、食事やお茶をするのにはホテルのレストランを利用する。

「ホワイト・エレファント」は海に面している低層の建物で、それほど広くはないけれども芝生の青々とした庭があり、レストランからはその庭越しに港を一望できる。

庭の端には子ども用の小さなプールがある。

その日も、プールで我が子たちが遊んでいるのを見ながら、私は義母たちとレストランでお茶をしていた。

すると、目の前の庭の様子があわただしくなり、ホテルのスタッフがテントを張ったり、椅子を並べたりし始め、バタバタと何かの準備が整っていく。

これからそこで結婚式が行なわれるとわかった。

食事の支度が整い、ゲストたちが集まってきた。

女性たちは白いドレスやワンピースを着ており、手には蓋の付いたかごバッグを持っている。その様子があまりにも海のホテルによく似合っていて、見ているほうもわくわくし、席を立てなくなってきた。

やがて、ブライドメイドに導かれて、花婿と花嫁の登場。

花嫁もまた手に蓋の付いたかごバッグを持っている。ウエディングドレスにそのかごは実に愛らしい特別な存在感をもたらしているようだ。

結婚式に参加する女性全員が白いドレスを着てかごを持っているなんて、これまで見たことがない光景。

主役の花嫁のかごの蓋には白いリボンや貝殻のデコレーションが施され、ひときわ注目を集めている。

そのチャーミングさは、映画さながら。

近くで見ると、女性たちが持っているかごは大きさも形もいろいろあり、蓋の上にはそれぞれ異なった飾りが付いている。

鯨や貝のオーナメントが施され、海の香りがしてくる。

あれが欲しい。夢かしら？　と思った。

今でも島の人にその結婚式の話をすると「そんな結婚式、滅多に見られない」というほど。ナンタケットバスケットスタイルの結婚式に遭遇したのは、まさに運命だったのではないかと思う。

次の日から私はあのかご欲しさに島中を探し回る。

あのかごバッグはなんなのだろう。

あれはなんていうかごなのか？　特別な名があるに違いない。

ボストンに来たばかりでまだ英語があまりわからない私は、その場でかごのことを聞く勇気がなく、翌日、街に出れば誰か持っているかもしれないと思い歩き回った。

でも、あのかごを持っている人はいない。

その翌日もまた島の街中を歩き回った。

すると、白いTシャツに短パン姿のショートカットの美しい女性が、あの結婚式で見たのと同じようなかごバッグを持って目の前を歩いている。

デッキシューズでタウンの石を敷き詰めた道をすたすたと歩く姿にかごが似合っていて

あまりに素敵。かごを持っている彼女に陽光が注がれ潮風がやさしく包んでいるかのよう。

あのかごはなんなんだろう。

もう、この人に聞かないとチャンスがないかも、と自分で自分を奮い立たせるものの、頭の中で英語でなんというのかを組み立てて考えているとなかなか声をかけられず、七歳と三歳の子どもたちの手を引いて、必死で彼女のあとをついていくばかり。

そのうち、彼女は港に行き、そこにある船にぽんと飛び乗ってしまった。

小さな港なので、目の前の船で彼女がビールを飲み出したのもよく見える。その距離にいながら、仕方なく彼女が船からまた下りてくるのを待つことにして子どもたちを連れてその辺りをうろうろしながら時間を潰していた。

しかし、ついに子どもたちがぐずり出したので、これが限界だと勇気を出して目の前の船の上でビールを飲んでいる彼女に話しかけてみた。

「そのかごはなんですか？　そのかごに名前はあるの？」

やっとそう聞いた私だったが、彼女の話すことが聞き取れない。

私の英語力のなさをさとったのか、彼女は船から下りてそばに来て、何やら地図を描いて「ここに行けば見られるから」と言ってくれたようだった。

お礼を言うと、その足で、地図にある店へ。

そこは、島で唯一のナンタケットバスケットのオーダーをとりまとめる店だったのである。

あのかごは「ナンタケットバスケット」というものだと初めて知った。

店には丸型とオーバル型（横長の楕円）の二つのかごが飾ってあった。欲しくなった。どうしても欲しくなった。

それが欲しいと言うと、うちはオーダーしかとらない、オーダーしてから完成まで、早いときで三か月、長いと三年かかる、とお店の人が言う。

そんなに待ちたくない。

私は今すぐこれが欲しい！

その強い思いを、私は拙い英語で必死に伝えた。わがままが、ここで爆発した。

旅行で日本から来ていて（ほんとはボストン在住だが、思わず嘘を）、もう日本に帰らなくてはならないから、今これが絶対に欲しい。お願いだからこれを買わせてほしいと伝えると、お店の人は、これはサンプルだから売れないと。これを見てみんなオーダーするんだから、これを売ってしまったらどうするんだと。

まさにその通り。

しかし、そこですんなり諦めるような私ではいられない。

小さい頃からわがままで、欲しいものは必ず手に入れたいし、こうと決めたら成し遂げたい。両親から心臓に毛が生えていると言われていた。基本わがままだ。

そんなこと言わないで。もう9月だから、きっとシーズンも終わりでしょう、と理屈で攻める。

引き下がらない私に根負けしたのか、オーナーに聞いておいてあげるから、翌日来るようにと、お店の人が呆れた顔で言った。

くれぐれもお願いすると、私は最後まで念押し。欲しかった。何かにつき動かされるような思いだった。

そして、翌日。

約束通り、お店に行くと、オーナーの許可が出ていた。うれしかった。

躍りたいほどうれしかった。

ところが、値段を聞いて驚いた。

想像では二、三万円かと思っていた。十万円以上するものだった。

値段も知らないまま買うことに必死だった私は、唖然。自分へも唖然。

そんな余裕は持ちあわせていない。

でも、後に引けるわけもない。

絶対欲しい。だから、このチャンスを逃がすわけにはいかない。

明日、お金持ってくるわ、と。

涼しい顔をつくってそう言うと、ホテルに戻った。


さあ、どうしよう。

夫に相談。

「今は無理だ」

という返事。もっともな返答。

頭をかかえて考え込んでいると、その様子を見ていた義母が、

「そんなに欲しいの？」

と私に聞く。

私は子どものようにこくりと頷いた。

「江津子さんがそこまで欲しがるものなら、買ってあげたい。」

義母は微笑みながらそう言ってくれたのだ。

私は義母とは仲がよく、優雅でなんでもこなす義母を尊敬していた。

よっぽどのことだと、義母の気持ちが動いてくれたようだった。

嫁である私を、実の娘のようにかわいがってくれていたので、このときも私のわがままを聞いてくれたのだと思う。

そうして、お店にあったナンタケットバスケットを二つとも買うことになった。

私は丸型、義妹にはオーバル型。

ちなみに、そのお店のオーナーとは今でもつきあいが続いている。

「あのとき、君がサンプルを二つとも買っていっちゃったからあとが大変だったんだ」

と、時々思い出したようにチクリと言われる。もっともだ。あのときの衝動は、私にも説明がつかない。とにかく、私の身体の近くに置いておきたかった。余談だが、この時の購入バスケットは、私が師事したアラン・リードのものだと後にわかる。

かごに魅せられて

ボストンの家に帰ってきてからも、このバスケットというものが気にかかる。

自分のものにしたいと感じるようになる。

だったら人間がつくったものなんだから、私にだってつくれるはず。

そんな考えが浮かんできた。

高校時代に通っていた山頂ヒュッテの妙子ねえさんも言っていた、「やろうと思ってできないことはない」と。

広告代理店時代の部長にも言われていた、「本気で願えばかなう」と。

そう思い立ち、今度はボストンでナンタケットバスケットの何かのつてを探し出すことにした。

熱心にボストン中を探したが、かごのつくり方を簡単に教えてくれる人はいても、蓋のないものしかできないという話ばかり。

本気でバスケットのすべてを自分のものにしたいと、色々な人に何かのつてはないかと聞き回る。

すると、思いがけないところに、バスケットのことをよく知り、つくる人がいたのだ。当時、私はスキーのインストラクターをやっていたのだが、その職場の先輩のパット・ケーンがナンタケット島に別荘もあり、蓋付きのナンタケットバスケットをつくるという。彼女の話から、蓋をつくる技術は島から門外不出のものだと知った。

スキーのインストラクターをすることになった経緯は、子どもたちが小学校に行っている間、近くのスキー場に滑りに行っていたら、スキースクールの校長から声をかけられたことから。その頃はアメリカの公認スキー指導員（P・S・I・A）の最高レベル資格を取ることに夢中だった。

そこで出会ったパットがバスケットをつくるというのは、不思議な巡り合わせだ。高校時代に山岳部で山岳スキーをしてきたことが、こんなところで活きるとは。人生とは巡り合わせ。

早速、パットの家に通いかごのつくり方の指導を受け始めた。念願のナンタケットバスケットに関われることになり、私はうれしくてたちまち夢中になった。

最初は基礎からなので、蓋のないかごをつくった。

バスケットをつくり続けるうちに、いろいろな形のかごがつくれるようになったのだが、パットはいつまで経っても蓋のつくり方を教えてくれない。

もっと上手になれば教えてくれるのかと思い、さらにかごづくりに打ち込む。

そうやって月日が過ぎていった。

そんなとき、夫が転勤を終えて日本に帰国することになる。

今は帰れない、と私は焦った。

私にはまだ学ばなければならないことはたくさんある。学びたい。

今は帰れない。

それが私の決断だった。

夫とは何度も話し合った。

最後は私の熱意に負けたように、納得してくれた。

こうして、私は子どもたちとボストンに残ったのだった。

かごづくりの師匠を求めて

それからの私は、子どもたちの世話と生活費を稼ぐため、仕事とアルバイトを掛け持ちしながら、相変わらずパットの家でかごづくりを進めていた。

完璧を求める性分は子どもの頃から変わっていない。わがままも。

「ここはどうやったらいいの？」

「これはどうするの？」

私の質問攻めにパットはうんざりした顔をするようになり、「あなたはしつこい」とまで言われてしまうほど。

それに、私が蓋のつくり方を教えてほしいと言っても、パットは教えてくれない。

「エツコ、私が教えることはすべて教えたから、もう来なくていいから」

「いや、まだまだよ」

「あなたは私を、もう卒業したわよ」

パットは私の熱意を持て余して申し訳なく思ったのか、そう言う。

「ナンタケット島に行ってみたら？」と勧めてくれた。

パットのその言葉が私を再び島へと向かわせることになったのだ。

こうして、私はナンタケット島へまた足を運んだ。

あのホテル「ホワイト・エレファント」でバスケットウエディングを見て感動して以来、二度目の訪問だ。私のバスケットへのつき動かされる想いは、どんどん深まっていく。

とにかく島へ行けばなんとかなる、と思って来たものの、ナンタケットバスケットの作家がどこにいるのかさえもわからない暗中模索。

現在のようにインターネットで検索できるような時代ではなかったので、調べようがなかった。

まず、以前サンプルを置いてオーダーをとっていたあの店に行く。

かごを買いに来た客だと思って最初は愛想よくしていた店主は、私がナンタケットバスケットの技術について深く質問していくと、私がバスケット作りができると認識し、態度が急変。

「出ていってくれ！」

と目つきが変わった。私の体を店から押し出してドアを閉め、中から鍵をかけてしまったのである。

一瞬何が起きたのかわからないできごとだった。

同じように、「ナンタケットバスケットを詳しく知りたい」と言った途端に、かなりいやがらせをされることが続いた。

予想外のその対応には、心が沈んだ。

今になればそれもわかる。島のなかで大切に守ってきた技術を、海外の身元もわからない人間に知られたらどうなるんだろうという不安だったのだろう。人はわからないものには嫌悪感を抱く。

どうしよう。

しかし、切り詰めた家計のなかから旅費をかけてナンタケット島まで来て、このまま引き下がれない。糸口を見つけたいと歩いていると、スーパーマーケットの入り口に電話帳が積まれているのを発見した。日本の電話帳より小さいハンディサイズのもので、たくさんあって誰でも自由に持ち帰ってよいものだった。まさかと思いそれを手にして開いてみると、ナンタケットバスケットメーカーのリストがあるではないか。

これだ！

このリスト先を片っ端から回っていけば、きっと何かが始まるはず。何かが。

また、すべての作家が、どの様なかごをつくっているのか見たい。

パットから習った今の自分の技術がどの程度のものなのかも知りたい。

私はその日も、それからその後も、何度かの島への訪問で、島のナンタケットバスケットメーカーを回った。当時、その数は八か所だったと記憶している。


最初は、小学生と幼稚園児だった子どもたちを連れて島に行った。

最低限の費用で賄うため、行くのはオフシーズン、島の移動はレンタサイクル、宿泊はユースホステル。ユースホステルの目の前が海だったので、そこの砂浜で遊ぶような楽しい時間も少しはあった（ただ利用エリアが男女別なのには困った――。子どもたちは息子なのだ）。

しかし、ナンタケットバスケットをつくる人間であること、これから修行したいことを知ると、やはりどこでも冷たくされる。

私の英語力がまだ低いレベルだったので、何を言われているのか正確には聞き取れなかったが、口調や顔つきや態度で拒絶されていることはよくわかった。

あるとき目の前でバスケットを隠し、布地でショーケースをカバーして私たちを外に追いやり、ドアを強い力で閉めて「出て行ってくれ」と言われたのを、子どもたちが唖然と見ていた。それを機に、私一人で行くようにした。

今でも思い出す顔もある。

彼は、私が「ナンタケットバスケットのことを知りたい」と言うと、ニコニコしながら「You can turn around immediately‼」と。表向きはやさしい顔をしながら「今すぐ向こう側を向いて行け‼」と罵声を浴びせて追い払った。

やはり、島の宝物であることと、私がアジア人であるということがあったのかもしれない。

そのような思いをしても、私は諦めずに島のバスケットメーカーを回り続けた。

なぜか？

たぶん究極のわがままだったから。登山もヨットも、やりたいことはやってきた。

たった一人、フレンドリーな人がいた。

バスケット作家のナップ・プランクだ。

冷たい仕打ちが続いたため、ナップに会ったときには、取材という名目で話を繫げることにした。ボストンでコミュニティ誌発行に関わっていたのでその冊子を持っていき、ナップにナンタケットバスケットについて取材を機会に話を聞き、最後に「実は私はつくりたいと思っている。誰かいい作家で、修行ができる、そういう機会はないか」と話してみたのだ。

ナップは、それはかなり難しい話だが、頭の片すみに入れておく、と言ってくれた。私のナンタケットバスケットづくりの気持ちを笑顔で受けとめてくれたのは彼だけだ。

島では、よりどころとなる友人もできた。

船着き場にあるトイ・ボート（THE TOY BOAT）という本屋兼おもちゃ屋さんのオーナーのローレン・ブロック。島に通っているうちに話をするようになり、笑顔で迎えられることでどれほど救われたことか。

そして、島のアイコンのような麦わら帽子をつくる、帽子店ピーター・ビートン（PETER BEATON）を経営しているダーシー・クリーチ。彼女と話していると、同い年、離婚してシングルマザー、子どもたちの性別も年齢も同じという偶然の一致があり、たちまち打ちとけた。最初、私の名前「エツコ」が「レッツゴー（Let's go）」と聞こえたと言って笑う明るい友人だ。

冬の寒い島、まだ外国人などほとんどいなかったその場所で、わずかでも温かなふれあいを得ることができたのは幸いだったと思う。私が島に何度も足を運ぶことで、島に住んでいるローレンやダーシーとは自然に信頼関係ができていった。

それは今でも続いている。

弟子入り詣《もう》で

アラン・リードというバスケット作家のところにたどり着いたのは、多くの作家を訪ねても突破口を見つけられずにいて半年くらい経った頃。

彼の工房に行くと、そこにナップがいた。

聞くと、一緒に工房を使うことになったという。

顔見知りを見つけてほっとしたのも束の間、アランは不機嫌そうだった。

しかし、工房でアランのつくったナンタケットバスケットを見たとき、私は大きな衝撃を受けたのだった。

これだ！　と思った。

それは完成度が高く、妥協していない、自分に負けていないかごだった。そこには自分に厳しい生き方が感じとれた。

私の求めていたものを、ついに見つけた。つくりたいという想いに、身体中が支配されていくのがわかった。

ここにあった。

長い旅路の果てにやっと求めていたものに気づき、また見つけた気がした。そしてその想いを自分に問う間もなく彼にぶつけてみた（ここが私のおっちょこちょいなところ）。

当然アランの反応は、

「教えるつもりはない」と。

その感じの悪い対応は見事なほど。そのあとは、自分自身の気持ちを整理するべく、時間をおくことにする。

でも、求めていたものを見つけたのだから、諦められない。

この人に関わり教えてもらいたい。最後の最後に断られたらもう私はかごづくりをやめよう、と思った。

それから私はアランのところに通い弟子入りをお願いし続けることになる。

その頃のアランは島でも有名な「気難しい人」だった。

英語で「グランピー」。

私が何度も島に通っているうちに顔なじみになった島の人たちから「どこに行くの?」と聞かれて「アランのところ」と答えると、「大丈夫?」と肩をすくめる。

でも、アランとバスケットをつくりたい、その一心で、私はボストンからせっせとナンタケット島に通い、アランの工房に行って弟子入りをお願いすることを続けた。技術だけではない。アランの中のバスケットを知りたかった。

とはいえ、普段は仕事を掛け持ちし、子どもの世話もある。

ナンタケット島は人気の高級リゾート地なので、初夏からのオンシーズンには島に渡る船賃から何もかもの物価が高くなる。

なので、冬のオフシーズンに毎週行くようにしていた。何度通ってもアランはまったく笑顔を見せてくれなかった。

私はおにぎりをつくってバッグに入れ、コーヒーも大きなジャグに入れ持参。車やフェリーの中でそれを朝昼晩食べて節約。

オフシーズンのフェリーの乗客は、島の別荘や家屋の手入れをするペインターや建設工事関係の人などが多く、夏とは雰囲気が違う。帰りのフェリーでもまた一緒になり、仕事のあとのビールは最高！　と言って飲んでいる人たちから、ビールをごちそうしてもらうのは日常。こんなのが楽しい。

緯度が北海道と同じくらいの位置にあるナンタケット島周辺では、冬の海はシャーベット状に凍ることもよくあり、フェリーはそれをかき分けるように進んでいく。

私がよく乗るフェリーは車も積める大きなカーフェリーだった。人だけ乗せて約一時間で着く高速フェリーよりこちらのほうが安かったからだが、到着まで二時間ほどかかり、船体がところどころさびていて、古びた感じのカーフェリーに乗ると、よけいに気が滅入った。

さらに、私は実は船に乗るのが苦手だった。自分で運転する場合には車でもヨットでもまったく平気で快適だが、誰かが運転する乗り物に乗ると酔う。

ナンタケットの冬の海はけっこう荒れる。時にはジェットコースターのように船体が波に大きく揺さぶられる。そんなときはことさら船酔いに苦しんだ。

したがって、冬のしばれる海、さびたカーフェリー、船酔いと、演歌な要素がたっぷりの状況のなかで、私は必死で島に通い続けた。

アランのもとを訪ねて冷たくされてあまりに気持ちが沈むと、島からハイアニスの港に帰ってきてもすぐには家に向かわず、近くのビーチに立ち寄って、しばし一人で気持ちをいい状態に持ち上げてから帰る。

海はいつも私を最高の気持ちまで戻してくれる。

アランの工房までは港から遠く、タクシーに乗る。街を離れてだんだん林の中に入っていくと舗装されていない私道になり、そこにガレージを改装した工房がある。目の前にアランとナップの車が二台停まっている。近づくにつれて気持ちはどんどん底に。

タクシー代は惜しかったが、通い続けた。懐事情が厳しいときは、レンタサイクルに乗ったり、歩いたりして、通った。歩くと五十分近くかかる。重い足はさらに距離を長くした。

そうやって五年経ったある日。

またか――、というような、アランはうんざりした顔でその日もグランピーなままだったが、今まで聞いたことのない言葉を言ったのだ。

「半年後に来い」

半年後？　私は頭の中で、半年後は六月何日だな、とさっと考えた。

そんな声がけは初めてだった。「来い」って！　なんてポジティブな‼

うれしかった。

それから半年間、ボストンで忙しく仕事をしながら、指折り数えてその日を待ち、ついに言われた通りの半年後の日にアランの工房に行く。

半年後に来いと言ったので、来ましたと言うと、アランは私を見て、「本当に来たのか⁉」とひどく驚き、呆れたような顔と同時に笑いはじめた。

「半年後に来い！」とは、日本語でいう「おととい来やがれ！」ということ、つまり「二度と来るな！」という意味だったようなのだ。

しかし、当時の私の英語力ではそんなことはわからず、言われたままに半年後に行ったのだが、それがかえってよい結果に繋がった。

アランはぐうの音も出ない感じで、私に根負けして弟子入りを許してくれることになった。

しつこさの勝ち！　か？

いや、この五年間で信頼関係がつくられたのだと思う。そしてアランは私の本心を確かめていたのかもしれない。

今思うとアランと私の信頼関係をつくるのに、その五年間は必要だったのだろう。

通い詰めて五年、やっと念願のアラン・リードのもとへ弟子入りを許されたことで、私のナンタケットバスケットの本格的な修業が始まることになる。

ひとつ約束があった。彼は二度と弟子をとらないと決めていたので、他言しない、ということだった。

住み込みの修業

それから一週間で子どもの世話の手配やら何やら準備をして、アランのもとで住み込みの修業が始まった。

工房に隣接してアランが妻子と暮らす住まいがあるが、私にはアランの八十歳の父親の家に滞在することになった。工房の前には水面が蔓《つる》のような植物で覆われた池があり、その向こう側、草の茂った間を五分ほど歩いたところにある大きな家に一人暮らしなので、父親の食事の用意も私の役目になった。工房にトイレはなく、トイレのためには父親の家まで戻らなくてはならない。アランには目の前にある自分の家を使わせてほしいとは言えなかった。

「俺は朝早いから」と言うアランは、四時には工房に入る。

私も父親の朝ご飯を用意すると、急いで四時までに工房へ。トーストをすぐ焼けるようにし、フルーツの用意をして出てきた。

私自身は、朝は一切何も食べない。工房にトイレがないので、途中でトイレに行きたくならないようにと考えたからだ。

昼食は十一時くらい。そのとき、いったん父親の家に戻り食事の用意をして、そこでようやく私も食べてコーヒーを飲み一息つく。アランは、午後は三時か四時には仕事をあがるので、それまでのトイレの辛抱だ。ヨットならバケツですませられるがそうもいかない。ただ、それまで港からタクシーやレンタサイクルで工房まで通っていた私だったが、修業が始まってからは私が島の港に着くとアランが車で迎えに来てくれた。

緑色のお洒落なミニクーパー。

港で私をピックアップするとむっつりしたまま運転し、十分ほどで工房に到着。それがいつものパターンだった。

誰かが港で待っている、これは私にとって大きな喜びだった。うれしかった。

島に通い続けていたとき、何がうらやましかったといえば、船が港に着いて下りると、多くの人には迎えに来てくれている人がいることだった。

アランの工房に弟子入り詣《もう》でをしていた私には当然誰一人迎えなどいるはずはなく、港で迎えに来た人を見つけて笑顔で手を振ったりハグをしたりしている人たちを見てはうらやましく、一人タクシー乗り場に向かう。少しさびしかった。

いつか私にも迎えの人が待っていてくれるような日がくればいいな、と思っていた。だから、それが叶ったことはとてもうれしかった。迎えに来てくれるのは、笑顔のないアランだったけれど。

ボストンからアランのもとへ出かける日は、朝六時発のフェリーか、遅くても九時発までのフェリーには乗るようにした。冬はまだ空が真っ暗だ。アランは季節にかかわらず毎朝四時には仕事を始め午後三時か四時にあがってしまうので、私が行く時間が遅くなるとそれだけアランに教えてもらえる時間が短くなってしまう。だから、早く行かないと時間が活用できない。

六時のフェリーに乗るには、それより二時間前に自宅を出なければならなかった。滞在中にアランの工房にいると時折、風向きによってはそこまでフェリーの汽笛が聞こえてくることがあった。

その汽笛も私にとってなじみ深いものとなった。


アランの工房は、ガレージを改築したものだが、中はけっこう広く、ちょっとした山小屋のようである。

片方の壁に沿って長いカウンターのような作業台があり、そこにアラン、ナップ、私の三人がスツールを並べて座ってかごをつくる。

お互いに何をしているかちょっと覗けば簡単に見えてしまう距離感だ。

工房の壁一面には大小さまざまなたくさんの種類の工具がずらりとかかり、一角にはかごをつくるときに使うモールド（木でできた型）やベース（底板）となる木を削る機械などが設置され、かごづくりの材料も十分に揃って備蓄されている。かごづくりに没頭できる、すばらしい環境だった。

アランのもとでの修業方法は、OJT（On-the-Job Training：実際の職場で仕事を通して行なう職業訓練）のようなもの。つまり、実際に自分でつくりながら指導してもらうやり方だ。

アランは私に「かごは勝手につくれ」と言いながらも、ポイント、ポイントは細かく教えてくれた。

蓋のつくり方について、アランに弟子入り詣でをしていた五年の間、私は安い中国製のかごを買ってきて解体してつくるなどして自分なりに研究を続けていた。

でも、いくつかわからないこと、どうしても上手くいかないことがあり、それをアランから学びたいと思っていた。でもそれだけではない。

アランのつくるナンタケットバスケットは、それは見事な美しい完成品だったからだ。

まず、その編目の細かさ。

どうやったらこんなに細かくきっちりと均一にきれいに編めるのか。

それは自分で何度やってもできないことだった。

アランの中にある何かが、その美しいフォルムをつくり出しているのだ。それを学びたい。

かごを編む材料の籐《とう》をケーンという。籐を細く薄く裂いたもので、これでかごの本体の編目をつくっていく。小さな隙間に下からケーンを通して上に出し、今度は次の隙間に上から下へ差して、とアップダウンを繰り返して編み込んでいくのだが、上手くいかない。ケーンは、糸やリボンではなく、籐なので硬いもの。そこで濡らしたり柔軟剤をつけてみたり、いろんな工夫をしてみた。

だが、どうやったらこれだけの細かさで均一に編めるのかがわからなかった。力まかせに引っ張ると、編目が凸凹して隙間が出てしまう。

アランの編んだかごは、隙間のないきっちりとした編目が見事に整然と揃っている。

それから、かごの蓋の部分のつくり方。

当時、島でも蓋の付いたかごをつくれる作家は六、七人だけだった。

私は独学だったのでその方法に自信がなく、これでいいのか、と迷うところが多かった。

何より、正当な技術による蓋の製法を学びたかった。

しかし、修業が始まってもアランはアランのペースだ。

私から質問すれば「十年早い」と言って、不機嫌になる。質問しないでつくると、なんでも知っているのかと不機嫌になる。師匠とはこんなものかもしれない、と思いつつ。

また、打ちとけるきっかけになるかと、年齢を尋ねたら、「かごをつくるのにそれは必要か？」と言い返されて終わり。

一緒に工房にいて私にとって救いの存在のナップでさえ、「アランはアランだから」という言い方をするだけ。それでも限りない魅力をかもし出すバスケットをつくる彼の中に入りたい。その思いをいだいて側にいることを選んだ。

とにかくアランのつくり方を見て覚える、それが修業の方法。

私が静かにつくっていると、それを見たアランが「こんなやり方でやっているのか？」とチャチャを入れてくる。意外とさびしがり屋だったりする。

時には「ここはこうすべきじゃないのかい」と教えてくれる。

見せたいところがあると「来い」と呼んで、目の前で見せてくれる。

かといって、ずっと見ていようとしていると、「あっちへ行け」と追い払われる。

質問すると、無視される。

気まぐれで何を考えているのかまったく読めない人だったので、私はアランの気持ちを忖度《そんたく》しながら受け身で動く。それでも少しずつ見えてくるものがある。

修業中は月に一～二週間、短いときは三日ほどの滞在だった。

当時私はボストンのシェアハウスに住んでおり、そのルームメイトの一人に日本人の歯科大学院生がいて、私が島にいるときは彼女に子どもたちの世話をお願いするか、近所に住んでいた友人に預けていた。

大学院生だった彼女は、今ではボストン大学の立派な先生となっているが、当時私が忙しいときは、親代わりに、日本語学校の行事などにも出てくれていた。近所の友人の方は今では大切な仕事のパートナーになっている。

私は島から帰ってくるたびに彼女たちにアランの態度のひどさを愚痴った。時には「殺したいほど憎い」などと口にするほど打ちのめされたこともあったほどだ。

子どもたちは小学生。父親は日本に帰国、母親は普段は仕事の掛け持ちで忙しく、時々島へナンタケットバスケットの修業で泊まり込んでしばらく帰ってこない。ずいぶんさみしい思いをさせただろうなと今でも申し訳なく思う。

家を出るときは毎回後ろ髪を引かれる思いだった。あの頃のことは、今でも本当によかったのかと考えてしまう。

アランとキャプテン・シーウィード

念願の弟子入りをしてから、アランの前で私がつくった第一号のナンタケットバスケット。

厳しい師匠に習い、気持ちをひきしめ仕上げた。なかなか美しくできた。ハンドル（持ち手）が二本あり、ここで学んだ技術のおかげで蓋も編目が均等で、フォルムも整った。

蓋に付ける飾りは、それまで少しずつ集めていたいろいろな貝殻を載せてみた。アランは、こんな飾り方をした人はいないぞ、とダメ出し。

私は、私のかごをつくりたいんです、と言い返すと、アランは何も言わずに背中を向けたので、それを承認と受け取って、そのまま完成させた。

アランは仕事に没頭すると三時間くらいしゃべらないこともある。ナップも黙っているし、私も話しかけないので、時が止まったかのような静けさが工房を包むこともよくあった。

そんなとき、私はかごをつくる手を休めて、小窓から見える木々を見やったものだった。床には、アランの愛犬のアイボリーが寝そべっている。彼もまた私の心を時折和ませてくれた。その後、ローズウッドという愛犬も加わった。

さて、私の住み込み先の家主であるアランの父は、島で広告代理店、陶芸家、島で唯一のバー「チキンボックス（CHICKEN BOX）」などを経営しており、「キャプテン・シーウィード（Captain Seaweed）」と呼ばれる島の有名人。

アランは本土のケープコッド生まれだが、父親がナンタケット島で仕事を始めたのをきっかけに、彼もこちらに住むようになった。

ナップがアランと知り合ったのも、チキンボックスでの出会いがきっかけだったという。

当初、住み込みの条件として私が父親の食事の担当をすることになったが、日本を代表して日本食をつくったせいで味付けが口に合わなかったらしく「こんなまずいもの食えん」と言われて、ハンバーガーやパスタをつくり直すことがしばしばあり、そのうち、私は食事担当から外されて掃除担当になっていた。相当気に入らなかったらしい。

しかしこのキャプテン・シーウィード、実はとてもチャーミングで、興味深い人物。私が夕方工房から戻るのを待っていて、自分のヨットに連れていってくれたり、地元のパーティーに誘ってくれたり。いっしょに遊ぶのを楽しんでいるよう。

あるとき、キャプテン・シーウィードが「今夜はパーティーに連れていくよ」と言う。パーティーと聞くと目に浮かぶのは、お洒落なパーティー。

「わしの店、チキンボックスで。地元の人たちが大勢来て盛り上がるぞ」という言葉にイメージが合わないが。

どうしよう、私、パーティーに着ていくような服なんて持ってきてないと、少々パニック。

「いや、普段着でいいから」と彼は言うが、そんなわけにいかないという気になり、私は慌ててワンピースを買いに走った。

チキンボックスは、観光客は滅多に来ない、地元の人が集まってくつろぐ地元の人のための店。入り口を入ると、カウンターのあるバーのスペースを中心に、右側にはビリヤード台が並び、左手奥にはライブができるステージまである。

なんとか急ごしらえのパーティー用のお洒落をしてキャプテン・シーウィードとともに向かった。

すると、そこには確かに地元の人たちが大勢いた。それも黄色い長靴がついた、胸当てのあるパンツという服装のホタテ漁師たちだ。

キャプテン・シーウィードの言う通り、普段着で十分な気楽な集まりだった。場違いな私は〝壁の花〟。

その後もキャプテン・シーウィードは、私をいろいろなところへ連れ出してくれた。


小さな島で有名な親子。

そこに出入りしている日本人の女性エツコは、少し目立っていたかもしれない。

それにしてもアランのグランピーさは、どうしてこの親からこの息子?　と不思議でならなかった。少しは爪の垢をもらえばいいのに。

シングルマザーの不安と奮闘

人は本当に大変だった日々は覚えていないようにできているようだ。

自分を守るために、つらい記憶を忘れる自己防衛本能が備わっていると聞いたことがあるが、それだろうか（いや、ただの忘れん坊かもしれないが）。

アランのもとでの修業時代は大変な日々だった。

私は離婚した。かごづくりに没頭していつまでも日本に帰らない妻だったが、日本にいる夫とはとことん話し合った。そうして、最後は「お互いの幸せを考える」ということで納得し合った離婚だ。

アランの態度や厳しさ、子どもたちへのすまない思い、離婚による経済的な不安など問題が山積みで、あの頃のことはよく覚えていないというのが正直だ。

かごの修業のためナンタケット島に行く交通費、かごの材料費、子どもたちとの生活費、教育費、なんだかんだとお金がかかる。ビタミンの開発会社の輸出部部長という仕事を中心にスキーインストラクターなど、最大で五つの仕事をしながらかごづくりを勉強していた私だったが、経済的な不安をいつも抱えていた。

エピソードのひとつに〝二十四ドル事件〟がある。

ある日、銀行に行きATMでお金を下ろそうとしたら、下ろせないのだ。

……あれ？　おかしいな。

窓口で残高を確認すると「二十四ドルです」と言うではないか。

「嘘でしょ？」

青くなった。アメリカでは小額だとATMで残高表示が出ないのだ。

……小学生の子ども二人を抱えて所持金二十四ドルで？

かごの修業、そんなことをしていていいのだろうか。

親として子どものためにもっと仕事に打ち込むべきではないのか。

あるいは、日本に帰ってどこかに就職して、安定した暮らしをするほうがいいのではないだろうか。考えた、そして少し……悩んだ。

ちょうどその頃年下の友人に言われた言葉が蘇ってきた。

子どもがいるのに好きなことをしていていいのかな、子どものために夫のところに帰るべきではないかと。もっともな言葉だった。世間はそう思うだろう。

残額に打ちのめされ、とぼとぼと帰ってきたところへ、うちのインターホンが鳴った。

近所に住んでいる日本人のご夫人だ。

その方は、現地の裕福な中国人と結婚しており、シングルマザーで孤軍奮闘している私を見守ってくれている存在だった。時折遊びに来ては「このところどうなの?」と心配してくれる。私も正直に状況を話していた。

ご夫人は、その小さな体で抱えきれないほどたくさんの野菜を持ってきてくれたのだ。

「大変そうね……私はあなたにお金はあげないけど、知恵とこれをあげるわ。食べ物はまた持ってきてあげるから、がんばりなさい」

そう言うと、私に野菜を渡して、少し話をしてドアの前から立ち去っていった。

絶妙のタイミングだった。悩んだ。自分を選ぶのか、子どもたちの、世間が言う幸せを選ぶのか、少し悩んだ。でも私は自分を幸せにして子どもたちを幸せにするのだと。野菜を抱えて泣いた。

子どもたちの教育を考えると、もしかしたら、このアメリカが子どもたちを幸せにしてくれるかもしれない。

たとえば、上の子が小学一年生になるとき、初めてアメリカの学校に連れていったときを思い出す。

入学の準備として何が必要か聞くと、先生の答えはリスペクトを教えてほしい、というもの。

日本で生まれ育った私にはリスペクトは先生や目上を尊敬する、ということ。そうではなく、髪の色や肌の色が違う一人一人を尊重する、自分を尊重する、そういうことがリスペクトです、と言われて、感銘を受けた。私のわからない教育がここにある。自立を尊び自分で考えさせ子どもの感情を大事にする、そのようなアメリカの教育に共感した。

だから、アメリカで子どもたちを育ててみたかった。

私も実力社会のこの地が合っているように思う。

なんとかここで続けていきたい気持ちが固まった。二十四ドルの残高がなんだろう。カードで生き抜ける。それがここアメリカだ。

アメリカでの生活を希望したが、日本を愛する気持ちは強い。ふと気持ちがいっぱいいっぱいになったとき、私には密かな支えがあった。

それは、ボストン美術館。

その中の日本の部屋というコーナーだ。

そこはボストン美術館の中でも奥まったところにあり、あまり人が来ない。

お寺を模したしつらえがあり、仏像が数体並べられ、向かい側には観覧者が腰掛けられるスペースがある。

そこだけが日常の喧噪《けんそう》から切り取られたような静かな空間であり、日本にいるような錯覚を起こしそうになる。

私は静かに、ひとりで仏像と対峙する時間を好んだ。

自分の気持ちを新たにチャージすることができたのだ。

何年も日本に帰れていない私には、故郷でもあった。子どもたちが寝坊をしている日曜日の朝など、私はよくそこで一人で過ごした。

たいてい人がいなくてその空間を独占できたのは、神様の思し召しだったのかもしれない。

教えることの始まり

やはりどれほど大変でも、島のバスケット作家の第一人者であるアランに弟子入りできたことはこの上ない幸せだった。

アランの技術のすばらしさ、追求するかごづくりの本質はかけがえのないもので、それを学べることはどれだけ貴重な経験であることか。

アランは、とことん研究し尽くし、自分が納得のいくまでやり直し、完璧な仕上がりにこだわる。

あるとき、私がかごの留め具の部分（＝ラッチ）をつくっていて、すぐ落ちてしまうから、どうにかならないだろうか――とつぶやくと、自分の席で何やら始めた。男性はかごをつくっても自分で持って使うわけではないので、ラッチが落ちやすいとはそれまでアランも気がつかなかったらしい。

アランは三時間ほどゴソゴソやっていて「できた、これでいい」と私に見せた。

そのラッチは、ちょっと斜めに差し入れて滑り落ちないような工夫がきっちりとなされている。

彼の完璧主義ぶりは相当なものだ。それは自分へのこだわりでもあると思う。

その自分へのこだわりを、私は学ばねばならない。

アランの工房で教えてもらうようになって一年ほど経ったとき、一九九六年だったと思うが、アランから自分のかごづくりの仕事を一緒にしないかと言われた。

完璧主義でグランピーで厳しい師匠が、私の技術を認めてくれたのだろうか。苦しい日々も無駄ではなかった、と私は胸が熱くなった。私自身、自分のかごづくりの技術、そして自分との戦いがおもしろくなってきた頃でもあった。

機が熟したのだろうか。

その頃にはアランはプライベートの話をしてくれるようになったし、食事も一緒につくるようにもなっていた。私は日本食などをつくり、アランはホタテのバター焼きなどをつくってくれた。

ナップも一緒に三人で工房でかごをつくっていると、なんだか楽しかった。何か煮詰まると気分転換におしゃべりをしたり、アランとナップがぶつかったときに私が間に入ったり、いい感じの三人の空間ができていたのである。

工房には工具や土台づくりの機械もすべて揃っているので、そのまま私は通いで工房を使わせてもらうことにした。

実は私がアランのもとに五年かけて通って弟子入りをお願いしていた期間は、アランの妻が闘病生活をしていた時期でもあり、その精神的なつらさがアランをことさらひねくれた気持ちにしていたのだとあとで知った。

しかし、アランのかごづくりを仕事として一緒にやるのは役割分担が難しかった。それについていろいろと話し合った。

アランは、私が独立してかごをつくって売ることをよくは思っていなかった。師匠と弟子のつくるかごは似ている。彼がかごをつくって売っている作家なので競合になってしまうからだ。もちろん彼の技術は数段上だが。

その代わり、自分はもう弟子はとらないから、教える仕事をすればいいと私に言う。

そうかと納得し、かごを教える道を考えることにした。

ちょうどその頃、近所に住んでいた日本人の女性からナンタケットバスケットを売ってほしいと言われたのだが、私は自分でつくったかごに自信が持てず、断った。すると、「だったら、そのかごのつくり方を教えてほしい」と言われて教えることになったのも、よいタイミングだろう。

アランの修業を終えて技術に自信をつけた私は、今度は少しでもナンタケットバスケットの魅力を伝えたいという気持ちが芽生えていたので、教えることに情熱を持った。

同じ頃、子どもの現地校で知り合った日本人の母親たちからもリクエストがあり、教えるようになった。いずれも夫の転勤でボストンに駐在している方々だ。

こうして自宅でナンタケットバスケットのつくり方を教えることを始めたのである。材料は、アランの紹介で、ケープコッドの材料店から仕入れることができた。

バスケット協会

ところが、クラスが大きくなり、生徒が増えると、困った問題が起きてきた。私のところで習いつくり方を覚えると、勝手に自分の友人に教える人が出てきたのだ。それも友人関係だからという好意で教える彼女たちは授業料などを取らない。または、かなりの廉価で教える。教えるといっても彼女たちの技術でつくるかごは、私が求めてきた本物のナンタケットバスケットとは違う。

このままではナンタケットバスケットの伝統が保てないのではないか。

「伝ふるもの」として残らないものに変化するのではないか。

悩んだ。

ナンタケット島独自のかごの伝承技術。その価値を尊び、しっかりと技術のレベルを保たなければならない。きちんと伝えたい。その思いが強かった。

そこで、私が考えたのはナンタケットバスケットの技術を守る協会の設立だった。

そこにはもうひとつの理由がある。

私がナンタケット島になじむにつれ、見えてきたナンタケットバスケットの実態だ。

ナンタケットバスケットの伝統が薄らいでいる懸念があった。

島でパーティーがあってもナンタケットバスケットを持ってくる人が少ない。

作家同士の交流がない。

バスケット作家たちをつなげて、ナンタケットバスケットの伝統を守るために、私は何かできるのではないか、と。

そして、教えることをシステム化して、女性がライフワークとして自立できる仕事にしたいとも考えた。

私の時代は、女性が仕事を持つのは結婚や育児と両立する方法が少なく、困難な時代だった。

でも、これからは家庭も仕事も選択できる時代であっていい。

その選択肢のひとつにかごを教える技術を確立させたい。

自分のペースで仕事をして、経済的に自立する。

伝統的な技術を教えるインストラクターを養成する仕組みをつくりたい。

こうして、一九九九年十月に設立した協会がNew England Nantucket Basket Association（ニュー・イングランド・ナンタケット・バスケット・アソシエーション）である。

ナンタケット島を尊重し、その島の伝統であるかごを伝統に基づいた形で伝えていくという理念を掲げている。


私はナンタケットバスケット技術を教えることのシステム化、インストラクターのマニュアル化に取り組むことにした。

しっかり勉強して落ち度のない仕組みをつくりたい。ハーバードのビジネス講座を聴講して勉強をした。

そうして、事務局をつくり教える人も教えられる人も相方が幸福になれるビジネスモデルを模索したのだ。

二〇〇一年、信頼できる仲間と思える女性が日本に帰ることになった。

そこで、ナンタケットバスケットづくりのベテランになっていた彼女に、インストラクターに教えるシニアインストラクターのポジションを付与し、日本で教室を開いて日本におけるインストラクターの教育を始めることにした。

時代はインターネットが普及してきており、遠隔でもコミュニケーションがとりやすく、ボストンと日本の教室の両立は可能になっていた。

ボストンに店舗をオープン

その頃私はケニーというパートナーと出会い、バスケットへの想いを応援してくれている彼と住み、家でクラスを開いていた。二人とも貧困。身を寄せ合って暮らしているようなつつましい生活だったが、友人たちがよく集まる場所だった。あるとき、ビジネススクールの大学院で学んでいる友人が、私の始めたナンタケットバスケットのビジネスに興味を持ち、ケーススタディとして学びに来ていた。

ちょうどそこへ一本の電話が。

かけてきたのは、借りている家のオーナー。

この家を借りるときに、ここでクラスをやるけどいいか、と話してオーナーには許可を得ていたのだが、私が自宅でクラスをやっていることを街の役所に通告した人がいたという。オーナーは役所から「人の出入りが多いがそこで何かビジネスをやっているのか」と聞かれ「クラスをやっている」と答えたところ、それならば生徒の人数分の駐車場を用意しなければならないと言われた、というシビアな内容だった。

それを聞きながら、これ以上続けることは無理だなと私は覚悟した。

「もうやめます」

即座にそう言って電話を切った。

私の表情を見て何があったのか心配そうなパートナーとその友人に、事の成りゆきを話す。そうして、友人に、ケーススタディとして私の事業をどう捉えるかと相談してみた。

私が教えることで得ていた収入は、どこかに教室を借りるとしたらその家賃で消えてしまう金額でしかない。

「もうやめどきじゃないですか。このビジネスモデルは成立しないと思う」

ビジネススクールの友人が言う。

私の中で何かがうずき、もう他にどこかを借りてやっていくと決めていた。

「やめたほうがいい」との友人の言葉に、私はなぜか、根拠のない自信でやる気になった。そうとうのあまのじゃくだ。

翌日、私はふらりと出かけた。

行き先は、ボストンのケンブリッジにあるヒューロンビレッジ（HURON VILLAGE）という一角。以前、店の窓の多さに、こんなすてきなところで何かできたら、と感じた店に行ってみようと思った。いくつか場所の候補は考えたが、内容の専門性から人通りの多さは必要ないと考えていたので、ヒューロンは私にとって完璧だった。

二十軒ほどのお店しかない小さなエリアだが、その辺りだけ少しまわりと違ってシックでいい雰囲気。ここでお店ができたらいいなと思ったこともあった好きな場所だ。

何気なく歩いていると、〝RENT〟の張り紙がある空き店舗を見つけた。まさに以前、こんなところにお店を開きたいと思った店舗。

その三軒隣が不動産事務所だったので、すぐに借りるつもりで入った。

見るからに人のよさそうな店主が、ニコニコと応対してくれる。

私が張り紙にある物件のことを尋ねると、

「あなたはいい人そうに見える。だから、ここは絶対借りないほうがいい、オーナーが気むずかしい人だから大変だ」

と言う。

それでも、あの店の家賃はいくらか聞くと、まさに私のクラスの収入と同じ金額だ。ビジネススクールの友人が言った通り、教えても家賃で消えてしまう金額。でも、それはとりあえず教える収入で家賃は払えるということでもある。オーナーが気むずかしい人でも、私はその店のたたずまいが好きだった。じっと見ていると自分の未来像が見えてくる気がした。どうにかなる。

手持ち資金はないので「頭金はクレジットカードで払えますか?」と聞くと、店主は渋った。

切々と相手に自分の気持ちを伝えた。

「今はお金がないけれど、絶対にどうにかできると思う。あなたこそいい人に見えるから、この私を信用してオーナーにあの店を借りる話をしてくれませんか。お金は絶対どうにかするから」と説得した。

圧倒された店主は、

「オーナーに聞いてみる、でも気むずかしい人だから、そんな条件だったら絶対にＯＫと言わないと思う」

との返事。

そして、翌日。

不動産事務所のドアを開けた私に店主は、

なんでこうなるんだ、という顔つきで、オーナーの承諾を伝えてくれた。

たぶんしばらく誰も借り手がいなかったからなのかもしれないが、こうして私はその店を借りられることになったのである。

とはいえ、資金のアテはなかった。

でも、どうにかすると言った手前どうにかするしかない（ほらまた初めてバスケットを手に入れるための金策を考えたときと同じようなことをしている……）。

結局、子どもたちの学資保険が日本にあったのでそれを解約。八十万円をつくり、それで店を借りる費用を賄うことにした。

店を構えたあとの収入を考える。

教室の収入だけでは家賃で消えてしまうので、他の収入を立てないと。

有効活用だ。

そこで、かごづくりの材料を売る店を併設することにし、いつも材料を仕入れているケープコッドの材料屋さんに相談した。

商品としての材料二百万円分を貸してくれた。「売るものがないだろう？　仕入れ代金は貸してやるから売れたら払ってくれればいい」と言うのだ。

ありがたい申し出を受けることにはした。しかし、ここにそんな店があることは知られていないから初めからそんなに売れそうもない。

そうだ、エツコのセレクトショップだ！

もともと、品物が大好き。

ナンタケットを再現するというコンセプトで考え始めた。

学資保険でつくった資金八十万円のうちの一部を使って、鯨のぬいぐるみ、木のおもちゃなどの商品を買い付けた。また、ナンタケットの友人が好意でフェルトのバッグをつくってくれた。

それらを飾るとお店はカラフルで賑やかになり、通りかかった人が思わず足を止めて入ってくれそうな雰囲気が演出できた。

お店の名前は「グレイミスト」

この由来は、ナンタケット島は一年のうち四十パーセントが霧（ミスト）に覆われ、潮の影響で家がグレイになってしまうので〝グレイレディ〟と呼ばれることから。

これが今もあるボストンの拠点の始まりである。

日本人初、ナンタケットバスケット美術館で展示される

時の流れは思いがけない結果をもたらす。

私のつくったかごが、ナンタケット・ライトシップ・バスケット美術館に展示されることになったのだ。

私がアランのもとで修業を始めた頃、島では私を目障りな存在だと思う人もいたと思う。

バスケット作家は年配の方ばかりで、彼ら彼女らから見れば三十代の私は小娘。

しかもアメリカ人ではない。

そんなアジアの小娘が、なぜアランのところで島の大事な伝統工芸品であるナンタケットバスケットをつくっているのか、と思っただろう。

アランは弟子をいっさいとらないはずなのに、なぜだろう？

アランのかごをみんな知っているからこそ、私への風当たりはやさしくはなかった。

アランはかなり気むずかしかった。

そのうち、島の人たちから、

「大変じゃないか？」

と聞かれるようになった。

でも、私は、楽しいですよ、と言いながら自満していた。それ以上は語らなかった。日本人の友だちにこぼすような愚痴などいっさい言わなかった。

そんな態度が功を奏したのか、やがて島の人々が私に好意的になってきてくれたのだ。

ナンタケットバスケット美術館の当時の館長、メリーアン・ウェシクから、なぜアランのところで修業できることになったのか、訳を尋ねられたとき、正直に、五年間懇願し通い、六年目にようやく許可されたことを話したら驚いていた。

ナンタケットバスケット美術館は、島のタウンの中心部からやや外れたところにあり、島の他の建物同様、グレイでシックなたたずまいをしている。そこには歴代のバスケット作家たちの作品が展示され、かごの材料や、モールドなども見ることができる。貴重な資料も収集されており、ナンタケットバスケットのことはここへ来ればたいていのことはわかるという存在だ。ギフトショップのコーナーもあり、観光スポットとしても外せない場所になっている。

そのうちに、アランが私のバスケットを推薦してくれた。

そうしてバスケット美術館に、外国人が作ったナンタケットバスケットが初めて飾られることになった。

——ああ、ここまで来たか。

私は思わず目を閉じた。

ドアを目の前で閉められ拒絶された日々。

アランのもとでの修業。

海を見ながら悩んだ帰り道。

ひとりで子どもたちを育てながら経済的にどん底だった苦労。

……さまざまなことが渦巻きのように込み上げてきた。

こうして二〇〇五年、日本人として初めて、私、八代江津子のつくったナンタケットバスケットが、ナンタケットバスケット美術館に展示されたのである。

その頃、私は、一緒に暮らしていたパートナーのケニーと結婚した。教師となったケニーは、私のナンタケットバスケットへの想いのよき理解者でもある。私がアランに弟子入りするまでの苦労も知り、住み込みの修業のときには子どもたちの面倒も見てくれた。私がかごづくりに夢中になることに応援してくれる夫だ。子どもたちは十八歳と十五歳になっていた。

かごづくりを始めてから、私は十年間、日本に帰らなかった。帰れなかった。その間、母が一人でボストンに会いに来てくれたことが数度ある。母に心配をかけたと思う。

母は私が夢中になっているナンタケットバスケットを見てつくってみたいと言い、私の教室の生徒になった。その後、日本でも教室で習い、教えもした。今や東京の実家では母のつくったかごがたくさん使われている。

母も私のよき理解者であり、感謝に堪えない。

自分のかごがナンタケットバスケット美術館に展示された喜びを味わった私は、日本でナンタケットに憧れ愛しつくっている、日本のナンタケットバスケットを展示できないだろうかと思い、日本のナンタケットバスケットを、交流をテーマに展示会をしてみるのはどうか、と美術館に提案してみた。

うれしいことに館長がその企画を前向きに考えてくれ、とうとう実現した。

こうして二〇一六年、「Faraway Islands――Lightship Basket Making on Nantucket & Japan」が開催されたのだ。

タイトルのFaraway Islandsとは、先住民のワンパノアグ族の言葉で〝遠い島〟という意味のナンタケット島と、そこから遠く離れた場所にある日本という島国のこと。

日本から集まったナンタケットバスケットが美術館に並んだときは感無量だった。初めて出会ってから今まで、苦しいと思うより、おもしろくチャレンジな日々。でもここまで来られるとは思わなかった。私にとってこの展示は、日本とアメリカを繋ぐ大きな意味があった。十数年に及ぶ自分の苦節を振り返って夢のような現実を噛み締めたものだった。

毎年開かれる〝ナンタケットバブリー〟というバスケット美術館のパーティーでの館長の言葉が、私の感動をさらにかき立てた。

「今年の美術館の展示には、右のケースにはナンタケット作家のバスケットを飾り、左のケースには日本でつくられたバスケットを、そして中央にはエツコのバスケットを飾ることに意味があります。それは、二つの島を繋いだのがエツコだから」

ナンタケット島は、もちろん私の第二の故郷のような存在だ。

今でも年に何回かは足を運ぶ。

ナップ、スウィーティー、トイ・ボートのローレン、帽子店のダーシーをはじめ、たくさんの友人も今はいる。

師匠のアランは再婚してケープコッドに引っ越し、バスケット作家は引退したが、彼が新たに建てたケープコッドのクラフト工房を、私は自由に使わせてもらっている。

私の息子たちはアメリカで大学院まで進み、卒業後はおのおのの道でがんばっている。あれは上の子が大学に行くときだったか、「適当なこの貧乏がよかったよ」と言われた。子どもたちからは一度もさみしいなど文句を言われたことがない。それは本心なのか思いやりなのかわからないが、母としては今日まで無事に育ってくれてほっとしている。

ナンタケットバスケット。

私の人生を語るに欠かせない、運命のかご。

惹かれるほどに、このかごの歴史、さらにはかごが生まれたこの島の歴史も知りたくなっていく。

それは四百年以上も前に遡るタイムトリップの始まりである。

第二章　ナンタケット島の昔、かごの昔

私をとりこにしたナンタケットバスケットを生み出したのは、小さな砂州《さす》の島。今では高級リゾート地として夏の賑わいに彩られるが、入植者や捕鯨《ほげい》の歴史に揺さぶられてきた。

ナンタケットバスケットが人々の心に感動を届けられるのは、積み重なった歴史と伝承された技術が熟成して生み出された、かけがえのない宝物だからといえるだろう。

そんな唯一無二のかごを生み出した島のことも、かごの魅力に欠かせない要素として、ぜひ知っていただきたい。

先住民と入植者

ナンタケット島のある場所は、アメリカ東海岸のケープコッドから三十マイル（約五十キロメートル）南の大西洋。

ナンタケットという名前は、ネイティブアメリカンのワンパノアグ族の言葉で〝遠い島〟という意味だそうだ。

この島の起源には、こんな伝説がある。

ケープコッドにモーショップという巨人が住んでいた。彼は賢く親切だったが、その体はとてつもなく大きく、鯨をすくうことができたほどで、ケープコッドのビーチが彼のベッドだった。ある日、彼は夕食を求めて海岸を歩いていたとき、足が痛くなった。履いていたモカシンの靴に砂がたくさん入り込んだせいである。たまらず彼は右のモカシンを脱いで中の砂を海に注ぐと、それでナンタケット島ができた。もう片方のモカシンの中にあった砂からは、マーサズビニヤード島ができた。

——実際は氷河期にできた島だそうだが、楽しい伝説だと思う。

どうやら一六〇〇年代にはワンパノアグ族による捕鯨の文化があったようである。その方法は、ポー（PO）と呼ばれる骨を研いでつくった銛《もり》のような道具を鯨に打ち込み、ロープで捕獲し、鯨が失血で弱るまで船で引きずり、浜に牽引するというもの。その鯨を解体した人が、脂《あぶら》が燃料に使えることを発見した。

ちなみに、のちの捕鯨時代に漁師小屋が並ぶスコンセットは、〝すばらしい骨の場所〟という意味のワンパノアグ族の言葉が由来。骨は、鯨油によって島を潤沢な土地へと導いてくれた鯨のものであり、鯨への感謝と尊敬を表しているようだ。

ナンタケット島では先住民のワンパノアグ族の二つの派閥が島の東と西を半分ずつ占めて暮らしていたが、プランテーション（大規模農園）のための土地を探していたイギリス人たちによって世界に見いだされた。最初に見つけられたのは、スコンセットのサンカティー・ヘッド（Sankaty Head）だった。

そして、一六二〇年、メイフラワー号が今のマサチューセッツ州プリマスに渡り、新天地アメリカへの入植が始まった。

一六五九年、マサチューセッツに住むイギリス人たちがこの島にやってきた。

彼らの多くはクエーカー教徒たちで、妻、子どもたち、親などを伴ってナンタケット島に引っ越してきた。当時のステイタスシンボルであった背の高いビーバー帽子と四十五ドルで、先住民から島を買ったという。クエーカーの教義には、平和、男女や民族の平等、質素な生活などが掲げられている。

入植が始まった頃のワンパノアグ族の人口はおよそ三千人だったといわれている。

最初の入植者たちの何人かはイギリスの同じ街の出身だったので、島にできた小さな集落はその街名のシャーバーン（Sherburne）と呼ばれた。それは北の海岸キャパウム湾（Capaum Harbor）（現在のキャパウム池）の周辺にあった。

彼らは、牧羊と農園を営んだ。ここはいくつも池があり、草が繁っており、狼もいないので、羊を飼うのには適していた。

羊毛を刈り取り、ウール商品にする。

農園では、トウモロコシ、オーツ麦、ライ麦などを植えて収穫する。

そんな事業計画を描いていたのだ。

ウール加工の工場は小川のそばに建設され、動力は島の吹きさらしの風を活用した風車を使った。

冬の寒さに耐えるため、住まいに暖炉は不可欠で、どの部屋にも暖炉があった。海からの風が強いので、風に負けない建物であることも重要で、ドアはL字形の蝶番《ちょうつがい》で堅牢《けんろう》に閉められるようにした。これは今でも島の建物の多くに用いられている。

慣れない島での生活を親切なワンパノアグ族が助けてくれたという記述も残されている。たとえば、冬の食料にスモークミートや魚を与えてくれたというように。

また、穀物、野菜、魚、肉をどのように冬に貯蔵するかの方法を教えたというように。先住民の知恵で、草で編んだバスケットにトウモロコシを入れ、そのまわりに砂を詰めて冬の保存法としていた。乾燥豆、ドングリなどのナッツ類、ドライフルーツ、肉や魚や貝も干して保存した。

火の上に数本のトウモロコシを置いてポップコーンをつくったのも、クランベリーを食したのも、先住民たちの知恵によるものである。

ワンパノアグ族は、入植者たちにとって労働の協力者にもなった。

しかし、ようやく生活が安定してきたにもかかわらず、シャーバーンをはじめとする入植者の街は、大打撃を受けることになる。

海の潮流の変化により、冬の嵐は残酷なまでに何度も彼らの地域の湾を襲い、使っていた港に大量の砂を流入して潰してしまったのだ。その潮と砂の移動は、港を内陸の池にしてしまうほどのパワーだった。

港がないと、漁業ができず、ケープコッドへの物資の供給も不可能である。つまり、生活が成り立たないことになってしまう。

もはや、他の地を見つけて移動するしか生き延びる方法はなかった。

こうして、入植者たちは初めのシャーバーンの場所から東へ移動した。一六七一年から一七二〇年の半世紀にかけて、徐々にその移動は行なわれ、彼らは自分たちの家を解体して新しい場所へ運んだという。

捕鯨を始める

さて、入植者たちが増えるにつれ牧羊や農業の規模は大きくなっていったが、海からの強い風に吹きさらしとなるこの島では、いつまた風や潮が運ぶ砂によって破壊されるかもしれないという不安がつきまとった。

荒れ地になるリスクを抱える農業よりも、目の前に広がっている海という資源を活かしたほうがいいのではないかと考える。

島を囲む海の資源……そこで目についたのが、毎年秋から次の年の春まで島の南の海に姿を現すたくさんのセミクジラだ。

すでにケープコッドなど東部のイギリス人の入植者たちはセミクジラの漁をしていたが、このとき、まだこの島ではワンパノアグ族の捕鯨しかなかった。

捕鯨を始めることにした入植者たちは、当初ワンパノアグ族の捕鯨の方法を真似ていたが、一六〇〇年代の後半に本土のケープコッドから捕鯨の技術を教えてくれる人を呼び寄せる。これにより、この島の本格的な捕鯨が始まることになる。

沿岸で行なう捕鯨で、塔を建ててボートをつないでおき、監視人が鯨を発見したらボートを出して鯨を捕まえるために漕ぎ、ポーで鯨を仕留める方法だ。捕鯨船にはワンパノアグ族も漕ぎ手として乗り込んだ。

捕鯨をする港の周囲には漁師小屋も建てられ、捕鯨基地となった。鯨の監視人の小屋はスコンセットなどにあった。今は最高のリゾート地であるスコンセットもこの頃は捕鯨基地だったのだ。

捕鯨の目的は、鯨油である。先住民の時代には鯨肉をジャーキーにして食していたが、入植者たちにはもっぱら鯨油が重宝された。

ランプの灯りなどの燃料として鯨油はニーズが大きかったのだ。

体長十メートルほどの鯨から百五十樽《たる》の油が取れたという。

当時の島の人々の暮らしを語る書物に、「人々は炭や薪の火の前で居心地がよく、鯨のオイルランプやキャンドルで本を読んだり、縫い物をしたり、演奏したりした」という記述を見ることもできる。

鯨油は収入だけでなく生活のクオリティも向上させていったのだろう。

島は捕鯨によって栄え、人々の生活も豊かになっていくのである。

ヨーロッパなどで鯨油が重宝され、当時の鯨油は、今の石油のように富を生み出すものであったのだ。

こうして、ナンタケット島は、捕鯨によって富を得ていくようになった。

鯨を求めて遠洋へ

しかし、まもなく近海の鯨を獲り尽くし、十八世紀になると捕鯨はもっと遠い海洋で行なわれるようになる。

一七一二年、あるナンタケットの船が強風によって遠くの海に運ばれ、そこで偶然マッコウクジラを発見して捕獲した。これがきっかけで遠洋の捕鯨が広まっていったという説もある。

鯨油は、工業用潤滑油として、また、灯火の燃料としてさらにニーズを高めていた。遠洋に出ていく捕鯨が中心になると、ナンタケットの捕鯨産業はさらに発展し、鯨油を売って得る利益も増え、捕鯨従事者たちの収入は増大していった。

ナンタケット島のウィリアム・ロッチという捕鯨商人が捕鯨船を所有し、ロンドンに鯨油を運んだ最初の人物といわれている。

ロンドンで鯨油を売って納めると船が軽くなってしまうため、帰りの船のバランスをとる重さのために石（バラスト）を積んだ。そうして島に帰るとその石を下ろすのである。現在、ナンタケットの港に近いタウンの通りを埋め尽くしている石はその名残だ。あの石はイギリスから持ち帰った石なのだ。

一七二〇年頃、ナンタケット島は世界最大の捕鯨港になった（第一次繁忙期）。船は、北はグリーンランド、南はアルゼンチン沖のフォークランド諸島まで出ていき、島は潤沢になり続々と鯨御殿といわれるような立派な家が建っていく。

メイン・ストリートの広い交差点にあるレンガ造りの建物は、捕鯨で富を得たロッチによって建てられたもの。彼もまた忠実なクエーカー教徒であったといわれている。ちなみに、現在、その建物は「フォー・ウィンズ・クラフト・ギルド」という店になっており、ナンタケットバスケットをはじめ、オーナメントやインテリア用としての鯨の歯や、カブトガニを使った工芸品などが売られている。捕鯨ゆかりの建物は、今も鯨や海と関わりの深い存在なのだ。

実に多くの住民が捕鯨産業に関わっているナンタケットだったが、どんな仕事をしているかによって住む場所が明確に違っていたのも興味深い。

船主や商人は、鯨の臭いや喧噪に満ちた埠頭から離れた、丘の上の落ち着いたプレザント・ストリートに住まいを構えた。その後、メイン・ストリートへと移っていく。

船長の家は、オレンジ・ストリートに集まっていた。特に港に面している東側に建つ家ならば、家にいながら自分の船や港の様子を見ることができたからだ。

航海士たちはどうだったかというと、船主や船長たちが住む丘の下のユニオン・ストリートに住んでいた。いつかはあんな立派な家に住みたいという思いを抱きながら、羨望の目で丘の上を見上げていたのかもしれない。

南の方のフィッシュ・ロットと呼ばれていた地域には、下働きをするような船員たちの家があったそうだ。

捕鯨船では、捕獲した鯨を船の横で海に浮かせて解体し、肉を煮て油を浮かせて取り出し、すぐに樽に詰めて貯蔵した。この鯨油がいちばん大事な商品となる。鯨の歯や骨は彫って装飾品などにしたり、鯨のヒゲは女性用コルセットに使われたりした。

捕鯨船の乗組員の妻たちは、夫の不在が長いため自立していき、商売をするようになっていく。

メイン・ストリートとブロード・ストリートを結ぶセンター・ストリートは、そのような女性たちの営む店が多いことからペチコート・ロウ（Petticoat Row）と呼ばれるようになった。

ペチコートは女性がスカートの下に付ける下着のことなので、女性を象徴するネーミングだったのだろう。

ペチコート・ロウの店は、男女平等というクエーカー教の考えのもと、公共の場での女性の役割を尊重する表れでもあった。船乗りの夫が家に滅多にいないので、妻は自分の意思で決定を下すということ。のちに発表された詩『ナンタケットガールの歌』では、多くの女性が自由を謳歌する気持ちを綴《つづ》っている。


一七二〇年から約四十年間に渡り捕鯨は繁栄を誇り、ナンタケット島から二百七十六隻の船が出航したという記録がある。

しかし、一七七五年四月に始まった、イギリス本国対アメリカ東海岸のイギリス領の戦い（アメリカ独立戦争）が捕鯨の衰退をもたらすことになるのだ。

開戦から四か月経った一七七五年八月、すべての捕鯨船は出航を禁じられる。ナンタケット港はイギリス海軍によって封鎖された。

捕鯨繁忙期《はんぼうき》ふたたび

この独立戦争の時期は、ナンタケット島においては、黒人解放の始まりでもあった。植民地のアメリカ人たちは黒人奴隷を使っていたが、そもそも、植民地の人々が自由を求めてイギリスと戦うというならば、自由を求めている彼らが奴隷である黒人たちの自由を縛っているのは矛盾する。

こうした独立の機運のなか、島では奴隷である黒人たちも積極的に自由を求めていくようになったのである。

私が住んでいるボストンにはアフリカ系アメリカ人歴史博物館があり、そこには「ボストンの最初のアフリカ人住民は、初期の植民者の奴隷として到着した」と記されている。ナンタケット島にも入植者の奴隷として黒人たちが連れてこられていたが、入植者の多くを占めていたクエーカー教徒たちは早くから反奴隷制に取り組み、一七三三年に奴隷制度を批判する証言を作成している。

一七七五年には多くの入植者が奴隷を解放していた。

アブサロム・ボストンという人物がいた。一七八五年生まれで、一八二〇年より前の町の記録に「黒人男性の船長」として記載されている。彼はのちにこの島でいちばんリッチな黒人となった。

アーサー・クーパーという黒人は、本土の奴隷制から逃げようと、一八二〇年に家族とともにナンタケット島にやってきた。しかし、二年後、彼らの主人の代理人が島にやって来て、クーパーやその妻、子どもたちを奴隷として連れ戻そうとする。このとき、クーパーたちをかくまっていた島のクエーカー教徒たちに、金を払うから黒人たちを引き渡せ、と迫ったが、「金はいらない、絶対に彼らを渡さない」と拒絶してクエーカー教徒たちはクーパー一家を守った。

男女平等と同じく民族の平等を掲げるクエーカーの行動は、この島らしさでもあったといえるのではないだろうか。

さて、独立戦争でイギリス軍は降伏し、アメリカ合衆国の独立が認められた。

そして、捕鯨が再開された。

ナンタケットの捕鯨の第二次繁忙期の始まりである。

ナンタケットの港は活気を取り戻し、多くの捕鯨船が出入りした。

黒人たちも捕鯨船の船員として関わっていた。彼らは同じ仕事に就く白人と同じ報酬をもらえることを喜び、自分が過酷な仕事に就くのを承知したのだった。

ナンタケットの人々にとっていかに捕鯨が根付いていたかを知るエピソードがいくつもある。

ナンタケットの子どもたちが教えられる言葉には捕鯨に関するものが含まれていた。たとえば「トウナー」とは、ワンパノアグ族の言葉で「鯨が二度目に見つかった」という意味。子どもたちに寝る前に聞かせるのも捕鯨の話が多かった。鯨にロープのついた銛を打ち込む捕鯨の方法を知っており、それを真似て糸とフォークを使って遊ぶ子どももいた。

島の若い女性たちには、運動神経が抜群でいずれ高収入が見込める船長になる可能性を持った男性が結婚相手として人気だった。それは舵手である。鯨を仕留めたことがある男性としか結婚しないと誓う女性もいた。舵手の男性たちは、ジャケットの襟にチョックピンをつけて自分の魅力をアピールした。チョックピンとは、捕鯨船の船首の溝に銛とつなぐロープをおさめておく小さなクサビだ。

悲しい事実もある。一八一〇年、ナンタケットには父親のいない子どもが四十七人いたが、彼らの父親は皆、捕鯨船で命を落としたのだった。当時の平均結婚年齢は二十三歳くらいだったが、島の既婚女性の四分の一は夫を海で亡くしていた。

しかし捕鯨船の上では、ナンタケット出身であることは昔のローマ市民より名誉ある存在とされ、それは彼らの誇りだった。

大火、そして捕鯨の終焉

ところが、せっかく捕鯨で再び盛り返していた島に悲劇が起こる。

一八四六年七月十三日の夜、メイン・ストリートの南側にある帽子店から出火し、その火はたちまち燃え広がったのである。

その夏はちょうど雨が少なく木造の建物が乾燥しきっていたのも不運だった。

火が埠頭に及ぶとそこに保管されている鯨油に引火して、炎の勢いは増大するばかり。

この大火により死者こそ出なかったものの、三十六エーカー、十五街区が破壊され、多勢の人の家や店が失われてしまったのだ。特に商業区域はほとんど全焼。この火事によって埠頭も壊滅し、ナンタケット港に打撃を与えた。

多くの失業者やホームレスが発生し、島から出て他の土地へ移り住む人も続出。その数は島の人口の六割にもなったという。残った人々は、農業、商業、漁業を一生懸命にやることでなんとか生計を立てていた。

ナンタケットの経済衰退の大きな要因として今も語られる大火であった。

ちなみに、現在の捕鯨博物館は、この大火で焼失した鯨油キャンドル工場の跡地に建てられている。

そこへ、鯨油のニーズを減少させる流れが生まれる。

一八五五年、ネイティブアメリカンが薬用にしていた黒油を精製したことがきっかけで灯油が生まれ、その四年後の一八五九年にペンシルバニアで油田が開発され、ジョン・ロックフェラーが鉄道による大量輸送方式を用いて燃料用石油の量産が始まったのだ。

その後次々と油田が開発されていき、鯨油の代わりに石油が普及していく。

それに先駆けた新しい金の成る木として、一八四八年にカリフォルニアで金が発見されてから、人々は金鉱へむらがるようになった。ゴールドラッシュの始まりである。

こうした時代の変化とともに、だんだんと鯨油のニーズは減少して捕鯨は廃れていき、ナンタケットの男性たちは捕鯨をやめてカリフォルニアへ金を探しに行くようになる。彼らは島から捕鯨船に乗ってサンフランシスコの港を目指した。

捕鯨のためではなく、金を得るために、捕鯨船を走らせたのだった。

捕鯨の衰退と時を同じくして島民はクランベリー栽培を始めている。現在も十月の収穫の前に、クランベリーのピンク色の花が咲き誇る夏の風景を見ることができるが、その美しさの感動の中に歴史のさみしさを感じる。

最後の捕鯨船は一八六九年にナンタケット島を去った。

それより前、一八五五年にはこの島に住む最後のワンパノアグ族の女性が亡くなっている。この辺りのできごとは、まるで島のさびれていくのを示すかのような、物悲しい感じがする。

こうして、ナンタケット島は人々から忘れられていくことになる。

やがて高級リゾート地に転換するという大きな変化のときを迎えるまでおよそ一世紀の間、静かな時間に包まれるのだ……。

島の歴史にいったん幕を引く前に、島のたくましい女性のことを語るのを忘れてはならない。

ナンタケット島の夜空は、満天の星がまたたき、大げさではなく宝石箱のようなのだが、一八四七年、ナンタケット出身の天文学者マリア・ミッチェルは、この空で新たな彗星を発見した。これは島に大打撃を与えたあの大火の翌年であり、島の人々にとってわずかな希望になったかもしれない。

これは「ミッチェル彗星」と命名され、彼女は彗星を発見した名誉ある女性天文学者としてデンマーク王から金メダルを授与された。当時、デンマークでは彗星の発見者に贈与されるメダルが創設されていたのである。

幼い頃から彼女の家にはよく人が集まっていた。彼女は特に捕鯨船長から捕鯨船の話を聞くのが好きな好奇心旺盛な女の子だった。

また、父親と一緒に毎晩星を見て星について教えてもらうのも楽しみだった。天文学のいちばんの教師は父親だったのだ。天文学は重要な捕鯨技術のひとつであったので、星を見ることはナンタケット人にとってごく一般的なことだったのだろう。

地元で教師として働き、その後、図書館の司書を務めていたが、彗星発見後、一八四八年にアメリカ芸術科学アカデミーの最初の女性会員になり、一八六五年にはヴァッサー大学で天文学の教授に就任している。

このマリア、女性の地位向上に努めた女性運動家でもあるのだ。

捕鯨全盛期、ナンタケット島の男たちが航海で長いこと留守にするので、女性たちは自立することを余儀なくされ、彼女たちが経営する店が集る通りはペチコート・ロウと呼ばれた。

ここは早くから女性の権利と参政権に理解のあった島。

そのナンタケットでマリアは育った。

かごの誕生

ここまで語ってきたナンタケット島の歴史をもとに、時代をふり返りながら、次はナンタケットバスケットの歴史を見ていくことにしよう。

いつ、どこで、どんなふうにかごが生まれたのか。

その始まりは、先住民にあったようだ。

一六八六年に彼らがバスケットを販売した記録があるからだ。

しかしこのバスケットは、樹皮などで編まれていて、ナンタケットバスケットとはまったく異なるものだ。

一七〇〇年代になると、島に来た移民は、自分たちのニーズに合わせて先住民のバスケットを改良しようと試みを始める。

先住民のバスケットは軽いものを入れるにはいいのだが、重いものを入れるには底を強化する必要があった。

そこで、バスケットの底を蜘蛛の巣のように編むことで丈夫にしてみたりしていたのだが、やがてしっかりした木の板を底に用いるようになる。

ここに捕鯨の文化が影響していると思われる。

というのも、捕鯨で繁栄していたこの時代は、島の人のほとんどが捕鯨産業に従事していたし、鯨油を入れる樽の構造は、現在のナンタケットバスケットの基本構造と非常によく似ているのだ。

島民はほとんどが質素で勤勉なクエーカー教徒であるから、バスケットづくりにも真面目に取り組んだ。

底板はわざわざ買わずに、廃材や商品の入っていた木箱の板を利用していたようだ。バスケットの形を決めるモールド（木でできた型）は、もともと壊れた家の建築材やマストの一部を使っていた。

こうして、底板とモールドというナンタケットバスケットの大きな特徴が確立されていったのである。

この形式により容量が正確なバスケットは、商品の量り売りにも活用された。

これがかごのルーツともいえる話である。

今のようなかごになるまでには、いくつかのエポックメーキングなできごとや人物が関わっていく。

捕鯨船とかご

捕鯨船の乗組員たちのなかには、クーパーと呼ばれる樽《たる》職人がいた。船には、鯨油を入れる樽の製造や修理ができる職人が必要だったからだ。

彼らは航海でフィリピンなど東南アジアに行ったとき、籐《とう》という植物を知る。籐は東南アジアなど熱帯雨林地方のジャングルにある、蔓《つる》植物で、竹のように見えるが曲げても強く、細く切って編んでさまざまなものがつくられていた。

鯨の油を入れる樽は、木でつくられていたが、丈夫な籐でつくる工夫をしてみるようになり、それがナンタケットバスケットにも使われるようになったといわれている。しかも安価で豊富だったので、かごの材料として申し分なかったのだろう。

ナンタケットバスケットをつくるには、縦の部分にオーク材を並べて形の枠をつくり、釘《くぎ》は真鍮《しんちゅう》を使い、底の部分には樽のように底板を用いる。たいていのバスケットは底の中心部分から編み始めるが、ナンタケットバスケットは底板のまわりから編み始める。

これらはすべて樽から発生したかごづくりの証のように思える。

間もなく、籐で編むバスケットが一般に広まり、「籐バスケット」と呼ばれるようになった。

こうして現在のナンタケットバスケットの基本となるスタイルが確立されたのは、一八二〇年代〜一八三〇年代であったといわれている。まさに、ナンタケット島が捕鯨の第二次繁忙期を迎えていた時期と重なるのだ。

しかし、一八五〇年代まではこのかごは、あくまでも生活備品として使われていた。

ナンタケットバスケットの特徴は捕鯨が盛んだった時期に確立されたといったが、一七一二年以降、遠洋での捕鯨が始まっていたので、当時の捕鯨船は短くて一か月、長いと三年ほどの年月をかけて航海をしていた。

一度出航するとなかなか帰れない船の中で、乗組員たちは何を考え、どんなふうに過ごしていたのだろうか。

大海に乗り出して大きな鯨を相手にする捕鯨は、命がけの仕事。

荒れくるう海や暴れる鯨にやられて沈没してしまう船も少なくなかった。

海のこわさ、残酷さは私自身も体験している。

私が熱中していたヨットから降りようと思うきっかけは、レース中、夜中にマストが折れて操縦不能となり、死を覚悟したことがあったからだ。あのときは牙を剥いた海の恐ろしい一面を知った。同じレースに出ていた友人との港での再会は、心からほっとし、岩壁の上で泣けてきたのを思い出す。

それから、大切なヨット仲間を海で失っている。

一九九一年十二月、油壺からグアム島・アップルハーバーまでの太平洋横断レースに出場した「たか号」は、荒れくるう海に飲み込まれて転覆した。七人の乗員のうち、一人が溺死し、残った六人は着の身着のまま、救命ボートで漂流していくなか次々と力尽き、最後にたった一人残った人が救助されたのは二十七日後のことだった。このとき、私の親愛なるヨットの指導者であった武市俊《たけいちしゅん》氏も命を落とした。享年五十六。

このことは、生涯忘れられない。今も私のベッドのまくらもとには、特別に分けていただいた彼の位牌がある。

今でも海を愛する気持ちに変わりはないが、海は恐ろしいものでもあるのだ。

捕鯨船には、この恐れるべき海ともうひとつ、鯨という強敵もいる。

いつもは穏やかな鯨も、命の危険を感じると大きな体で船に体当たりしたり、海中に落ちた乗員を飲み込もうとしたりする。

捕鯨がどれほど過酷なものであったのか、それを克明に描写しているのがアメリカの作家ハーマン・メルヴィルの小説『白鯨《はくげい》』（一八五一年刊行）である。

ヨットに乗ることが好きだった私にはこの『白鯨』は青春時代の必読の書だった。

メルヴィル自身が捕鯨の仕事をしていた経験があることから、この作品には鯨に関する知識や捕鯨の技術などが詳しく書かれている。

捕鯨の壮絶さは四章で詳しく述べることにするが、この小説はナンタケット島が舞台になったことでも知られている。

そこに登場するピークォド号はナンタケットとともに捕鯨基地となった本土のニューベッドフォードを基地としており、一等航海士のスターバックはナンタケット島出身でコーヒー好きという設定。コーヒーチェーンのスターバックスの名前の由来になっているのだとか。

タイトルの白鯨は、エイハブ船長が片足を食いちぎられて復讐を誓う相手の白いマッコウクジラのことで、モビィ・ディックというあだ名を付けられている。

この作品の中に有名な一節がある。

〝Two thirds of this terraqueous globe are the Nantucketer's.

For the sea is his; he owns it, as Emperors own empires.〟

（水陸から成る地球の三分の二はナンタケットのもの。海はナンタケットのもの。皇帝が帝国を所有するように）

世界の三分の二はナンタケットのもの、といわしめたほどの存在感は、この島が捕鯨の重要な拠点だったからにほかならない。捕鯨が世界で盛んだった時代、ナンタケット島は最も裕福だったのである。

ちなみに、『白鯨』には、「あの人はナンタケット人ではない」という差別的なニュアンスの言い方がいくつもの場面で出てくる。

当時の捕鯨の世界では、ナンタケット人であることはかなり有利であり、いつも優先順位は上位。時には生死を決めるほどの重要なことだったようだ。私は最初この文章を読んだとき、捕鯨船においてナンタケット出身者がいかに特別扱いされていたかを知り、驚いた。

小説『白鯨』は、実際にあったエセックス号事件を素材にしている。

一八一九年八月、二十八歳のジョージ・ポラード船長と乗組員二十人を乗せた捕鯨船エセックス号は、ナンタケットから出港した。しかし、航海から一年以上経っても鯨が獲れず、さらに遠い海へと向かうことにする。南米大陸から二千マイルも離れたところだ。そこでマッコウクジラの大群を見つけて喜ぶが、そのボスである白く巨大で凶暴な鯨によって沈没させられてしまう。沈没した船から脱出し三隻のボートに分かれて漂流した乗員たちは、九十日後に救助されたときにはわずか数人しか生き残っていなかった。

その生き残ったなかに、ポラード船長もいた。

彼はその後ナンタケット島に戻り、八十何歳かで亡くなるまで夜警の仕事をしていたという。捕鯨の時代を乗り越えてなお、ナンタケットで生き続けた人物なのだ。


再び、話を遠洋に挑む捕鯨船の乗組員に戻そう。

絶対に帰れるという保証のない旅、そんななか、彼らは故郷や家族への思いを募らせていたに違いない。

船中で持て余す時間ややるせない気持ちを忘れるように、籐でかごをせっせと編み、技術を向上させていったのだと思う。

ナンタケットから出港した捕鯨船の長い航海で思い出す、故郷のこと。

思い出すとよけいに募る故郷への思いを胸に、鯨の歯や骨を削ってつくるもの（カービング）のひとつにパイカッターもあった。

若い乗組員たちは、母の顔が浮かぶと、母の味も恋しくなったことだろう。

日本人が言う〝おふくろの味〟が味噌汁だとすれば、彼らにとっての〝ママの味〟は、パイだったのではないかと思う。アップルパイや木の実のパイはアメリカでは定番の家庭料理だ。

……帰ったらこのパイカッターを母に渡したい。

……母のパイを食べたい。

と思いながら、手を動かしたのではないだろうか。

この鯨の骨でつくったパイカッターは、ナンタケットバスケットの蓋の上に置くオーナメントにも時折使われている。

灯台船とかご

時代は捕鯨第二次繁忙期の終焉から移り、一八〇〇年代半ばから後半。かごのもうひとつの舞台は、灯台船＝ライトシップ（Lightship）である。

それを知るには、まずナンタケット島の水域について理解しなくてはならない。

ナンタケット島のまわりの海は浅瀬が多く、潮流も速いため、船にとっては危険な場所。〝船の墓場〟といわれる砂の浅瀬が、嵐や潮流によって、できては消えていくところだった。

さらに一年のうち四十パーセントは霧で覆われるため視界も悪く、船の操縦は困難を極めた。

こうした悪条件が原因で、ナンタケット島の沿岸では数多くの船の重大な事故が起きていた。冬の嵐が多いときには毎週のように船が難破したほどだ。

ナンタケットの海を出入りする船長たちは、海上の誘導役となる灯台を欲した。

灯台には陸に設置するものと海上に浮かべるマーカー方式のものがあるが、浅瀬の入り組んだこの海では海上に浮かべるものが適していた。

そこで設置されることになったのが、灯台船。

こうして、一八五四年六月十五日、ナンタケット島の南十九マイルの海上に最初の灯台船が配置されたのである。

しかし、アメリカで最も厳しい環境にあるといわれるナンタケットの海に浮かんでいたこの灯台船は、半年後に大嵐によって大破。

いっそう丈夫な木材で、いっそう頑丈な灯台船をつくることになった。

一八五六年一月、完成した新しい灯台船をふたたび海上に設置。この灯台船は「ニュー・サウスショール」と名付けられる。頑丈さを最優先したため船の見た目は不器量だった。

この灯台船の乗員は全員が島民だった。

灯台船は航海する船と違い、常に海上で目印になる役目を持っているので、係留《けいりゅう》されている。それはつまり、嵐が来ても逃げることなく、暴風雨にも大波にもそこで耐えるしかない、ということだ。

嵐に揉まれ大きく揺れに揺れる小さな灯台船、荒々しい波に飲み込まれそうになってもどこにも逃げることができない閉じ込められた空間……想像したくない恐ろしさだ。

灯台船を係留する鎖は獰猛《どうもう》な自然によってたびたび引きちぎられた。

ニュー・サウスショールが稼働した三十六年の間に二十三回である。

一八七八年十月の猛烈な嵐のときにも鎖が引きちぎられ、灯台船は八十マイルも流されたという。

さらに、ナンタケット島の位置を地図で見るとわかるが、緯度は日本の北海道に近く冬はかなり気温の低い地域で、波のしぶきが船に凍り付く。

乗員たちはいったん灯台船に乗ると、春と秋に二か月ずつは上陸できたものの、あとの八か月は灯台船の中で過ごさなくてはならないケースもあった。その間、冬の寒さに耐え、陸の生活や家族から隔離されている孤独に耐え、時間をやり過ごすことが必要だった。

そんなときに気持ちをまぎらわせ、手慰《てなぐさ》みとなったのがかごを編むことだったのである。

幸い、灯台船の生活では時間だけはたっぷりあった。乗員を務める島民たちはもともと捕鯨船に乗った経験が多く、その時代にかごを編む技術を持っていた。したがって、一八五六年にニュー・サウスショールに乗り込んだときには、かごを編むための材料や道具を持ち込んでいたのだ。

灯台船の中では自由な時間が十分にあるので、家族のためにさまざまなかごを編むことができた。それを「愛がもたらす労働（Labor of Love）」といっていたそうだ。

どんどん編んでいるうちに技術が向上し、さまざまなものを入れられるように形を工夫していき、実用性と美しさを兼ね備えたかごを生み出していくことになる。

かごをナンタケット・ライトシップ・バスケット（Nantucket Lightship Basket）と呼ぶことがあるのはこのような由来からだ。

長期航海の捕鯨船の中でクーパー（樽職人）たちが編むようになったであろう籐のかご（この事実の記録は残されていないが）。

かつての捕鯨の仕事をしてかごづくりを身に付けていた島民たちが灯台船の中で編んだ

かご。

いずれにしても捕鯨が盛んだった歴史があったからこそ、ナンタケットバスケットが生まれたことは間違いないと思われる。

特に、ライトシップバスケットは、籐のかごの基本構造はそのままだったが、じっくりと取り組んで繊細な仕上がりを追求していき、「世界最高峰のクラフト」といわしめるほどになった。

灯台船の乗員たちが耐えた過酷な環境と孤独と、家族への愛を込めて完成したかごの優美さは、あまりにも対照的で複雑な気持ちになる。

これは私の想像だが、つらくて荒んだ生活を乗り切るためには、あえてその正反対なもの、つまり最高に優雅で美しいかごをつくることが必要だったのではないだろうか。

苦しいとかさみしいと思うよりも、それを忘れるくらいの価値のあるものを自分の手でつくり出す。

灯台船での生活のなかで気持ちをまぎらわせる、そんな術を身に付けていったのではないかと思えてならないのだ。

ところが、ライトシップバスケットがつくられた時代はあまり長くは続かなかった。一八九〇年代の初めには終焉を迎える。

それは、ニュー・サウスショールの乗員が、島民ではなく本土の人間に変わったことが大きな原因だ。

なぜなら、本土の人たちにはかごづくりの伝統も技術もなかったことから、灯台船の中でかごを編むという習慣はなくなった。

現在では、無人のブイが灯台船の役割を果たしている。

島民が乗り込んで何か月もの壮絶な生活をして守っていた灯台船は遠い昔のこと。けれども、そのときに磨き上げたかごの技術は、ナンタケットバスケットの絶対的な価値の礎《いしずえ》となったのである。

〝死にかけている芸術〟と呼ばれて

灯台船でのかごづくりは約五十年弱。

しかし、その間にさまざまなニーズに応えるかごをつくる技術を磨いていったことにより、お店で売れるかご、消費者に満足されるかごができるようになった。島で採れるクランベリーなどを入れるのにかごは最適で、活用されていた。

灯台船の乗員たちが陸に上がってからも、かごづくりは進んでいったが、かごをつくっている人がいるというだけの状況であったと思う。

そんななか、かごを熱心につくっていたのがミッチェル・レイだ。

彼は一九二〇年から一九四〇年にかけて相当数のかごをつくっている。

実はこの頃は、ナンタケットバスケットは〝死にかけている芸術〟という、なんともうれしくない表現をされることさえあった。

せっかく培ってきたかごの伝統技術をしっかりと継承する者がほとんどおらず、先行きが見えない状態だったのだ。

ミッチェル・レイは島に生まれ、かごづくりの作家として三代目だったが、七十六歳のとき、後継者がいないことを遺憾として悔やむ発言をしている。

自分の人生の先が短くなってきたなかでようやく彼の技術を引き継ぐ者が現れたとき、

どれほど安堵したことだろうか。

その人物についてはのちほど明らかにしよう。


伝統は伝える者と伝えられる者がいてこそ成立する。

伝えるだけの一方通行では、継承は実現しない。

そして、伝えるものは技術だけでなく、文化、思いなども含まれる。

伝えられる者の情熱と覚悟がなくては、それらを受け止めきれないのだ。そして「伝ふるもの」としての価値が必要である。

ナンタケットバスケットが、この時期の〝死にかけている芸術〟から復活し、今や世界中が憧れるブランドにまでなったことに、私自身、脈々と伝統のバトンリレーをしてきてくれた先人たちにお礼を言いたい気持ちだ。

蓋《ふた》の付いたバスケットへ

一九五〇～一九六〇年頃、一人のフィリピン人がナンタケット島に住むようになった。

彼の名前は、ホセ・レイエス。

ハーバード大学を卒業後、妻のゆかりの地であるナンタケット島に移住したのだ。

彼の持っているバスケットづくりの経験は、子どもの頃に故郷で学んだもの。

そこはフィリピンの南シナ海に面した南イロコス州の小さな村。

その村では、ある程度の年齢になってナイフが使えるようになると、バスケットのつくり方を教えられるのが当たり前だった。

村のジャングルで材料となる籐を収穫し、それをどのように処理するか、さらにそれを使ってどのようにバスケットを編むか、村の子どもたちは誰もが身に付けていく。

彼がナンタケット島に移り住むまでのストーリーは簡単ではない。

教育の仕事を志し、渡米してオレゴン州ポートランドの高校に進学し、その後ハーバード大学の大学院まで進む。

そして、マサチューセッツ州の女性と結婚。修士号を取得すると、フィリピンに戻って教育関係の仕事に就き、フィリピン軍のアカデミーでも仕事をした。

しかし、第二次世界大戦の最中は地下生活を送る状況に追い込まれる。

終戦となり、一九四五年にフィリピンが解放されると、難民船で家族ともどもアメリカ・ロサンゼルスへ。

ようやくたどり着いたアメリカだったが、家族の健康回復のために、妻の母の持つ別荘で過ごすことになった。

その場所こそが、ナンタケット島だったのである。

さらに、ナンタケットで彼がかごをつくるまでのストーリーもまたスムーズではない。別荘に保養に来たが、この島の穏やかさと美しさがすっかり気に入り、一家はここに住むことにした。

ハーバードの大学院でまで学んだホセは、島で教職に就くことを目指したが、それはかなわなかった。

仕方なく、絵を描いて売る、杖や椅子などのちょっとした修理を手がけて手間賃を稼ぐくらいしか収入の道はなかったので、不安を抱えていたことだと思う。

ミッチェル・レイの家の隣がホセの家だった。

ミッチェルはホセと話しているうちに、フィリピンでバスケットをつくる技術を身に付けたと知り、それをナンタケットバスケットに活かしてみることを勧める。

こうして、ミッチェルがホセにかごづくりの指導することになったのだった。

ホセが考案したのが、女性向けの蓋の付いたかごである。

初めは現在のような蓋でなく、横にバーコードのように編んでいく蓋だった。

かごに蓋が付くことでバッグのようになり、たちまち女性たちの人気を集めた。

多くの女性が持ちたがり、このかごを持っていることで友だちができることから「フレンドシップバスケット」と呼ばれるようになった。

他のかごと区別するために、そのような名称をつけたともいわれている。

かつて捕鯨の歴史から生まれたかご、クランベリーを入れたかごから、一転してお洒落なバッグとしてのかごに変身したエポックメーキングなことといえるだろう。

今なお、ナンタケットバスケットのなかでも、蓋の付いたデザインのものを「フレンドシップバスケット」と呼んでいる。

（ちなみに、ホセのつくったフレンドシップバスケットは、近年、クリスティーズの競売で二千万円という高額で落札されている）。

かごの蓋にエボニーの鯨やアイリスの飾りを付けるのも、ホセのアイデアだ。

高学歴のインテリジェンスな男性でありながら、感性も豊かだったのだろう。

ホセのおかげで、かごはさらに美しく魅力的に発展することができた。

ホセはひとつひとつのかごを丹念に編み上げ、生涯でつくったかごは五千個にもなると推定される。

彼のつくるかごの品質の高さと優美さは格別で、多くの人々から称賛され、エリザベス女王もホセのかごを所有しているというのだから、その評価がいかにすばらしいかがわかる。

こうして、ホセはミッチェル・レイの後継者としてかごの歴史を受け継ぎ、ナンタケットバスケットの存在価値、歴史、文化を再認識させるという功績を上げたのである。

やがて、島ではナンタケットバスケットの製作が文化として確立されていく。

しかし、捕鯨が廃れた島は、人々から忘れられてしまっていた。

ほとんど外から人が訪れることもなく住民だけがひっそりと暮らす島として、一世紀ほどの眠ったような時間を過ごしていたのだ。

それとともに、かごのつくり方は島の中だけで伝承され、知る人ぞ知るバスケットという稀少な存在になっていったのではないかと思う。

美しいリゾートアイランドでのかご

ナンタケット島は捕鯨が廃れてから、一時は忘れられた島になったが、のちに大きな変化を遂げて高級リゾート地へと生まれ変わる。

十九世紀半ばにイギリスで始まった鉄道バブル、アメリカのゴールドラッシュなどによって誕生した富裕層の避暑地として、人気になっていったのだ。

ところが、ナンタケットバスケットの技術はこの島が忘れられていた時代に外に出ることがなかったため、バスケット作家と呼ばれる人たちはそれほど多くなく、しかもかごの稀少価値から価格は高騰していった。

私が初めてこのかごに出会ったのは一九九四年だが、そのきっかけとなったホテルでのバスケットウエディングはその時点でも滅多に見られないものになっていたし、島を歩いていてもかごを持った女性に会うことはあまりなかったと記憶している。

おそらく水面下ではバスケット作家の方々は切磋琢磨して自分なりの技術を追求し、かごのレベルは向上していたのだろうが、その弊害としてかごの伝承を島に閉じ込めてしまった感が拭えない。

愚直な方法だったが私は何度も、何度も、呆れられるほど通ってようやくバスケット作家アラン・リードに弟子入りを許され、そこでやっと島の人間以外の者がかごづくりの技術を習得することができたのである。

門外不出を破ること、それは結果的に可能性を広げるチャンスに結びついたと思う。アランのもとでの厳しい修業を経て、ついに認められたのちに、日本人の女性たちに教えるようになった。

そして、ニュー・イングランド・ナンタケット・バスケット・アソシエーションができ、日本でも教室が増え、ナンタケットバスケット美術館では日本人の私たちがつくったかごも飾っていただけるようにもなった。

なんと大きな変化だろうか。

今では日米合わせて百か所ほどの教室があり、そこでインストラクターたちが活躍し、真摯にかごをつくる生徒さんたちも増えている。

ナンタケットバスケットの存在は、ファッショナブルな女性たちには憧れのブランドとしても知られるようになり、私がかごづくりを始めた頃とは比べものにならないほど普及してきていることを感じている。

うれしいことに、ナンタケット島で過ごす女性たちがかごを持っている姿を見かけることも増えているのだ。

この島で生まれたのだから、この島に最高に似合う。

海とともに生まれ、磨かれ、このリゾートアイランドの代名詞のようになったかご。

これからもこのかごが多くの人に愛され、親しまれていくことを願ってやまない。


海とともに、といえば、私自身もそんな人生を歩んできている。

海を愛し、かごの飾りに使われる鯨を愛している。なので捕鯨の歴史も好んで調べるようになった。

そして意外なことに、捕鯨の歴史をたどっていくと、日本とアメリカの絆が見えてくる。

約二百年以上前の鎖国していた時代でさえもその絆が芽生えていた。

さらにそれが日本の開国につながっていった、とは興味が募っていく。

第四章　かごと鯨

ナンタケット島は十八〜十九世紀に世界屈指の捕鯨の基地として栄えた。

そのなかで生まれたかごがナンタケットバスケットであることは、これまで語ってきた。

捕鯨の歴史に踏み込んでいくと、かごへの思いはさらに強くなっていく。

そして、捕鯨の歴史を知るなかで、アメリカと日本の交流を見いだすことができる。

日本人の私が、アメリカのかごにこれほど惹かれたのは、何か意味があったのかもしれない。

では、世界の捕鯨の始まりから、それがどのように日本の開国につながっていったのか、その流れをお話ししていく。

捕鯨の始まり

鯨は英語でWhale（ホエール）と言うが、古代英語のBweal（大きな魚）が語源であるそうだ。

まだ鯨という存在がよく知られていなかった時代、航海する人々にとって、いきなり海で遭遇するとてつもない大きな生き物にはどれほど驚いたことだろうか。

その頃の船など簡単にひっくり返されてしまったに違いない。

鯨は人を襲う大きな怪物だと恐れられていた。

しかし、鯨が資源として見られるようになると、捕鯨という事業が始まる。

最初の捕鯨は九世紀。ノルウェー、フランス、スペインが始めた。

十二世紀には、日本で手銛《てもり》を使った捕鯨が始まっている。日本では鯨の古名を勇魚《いさな》といっていたそうである。

十七世紀初頭のヨーロッパでは、大西洋を行き交うイギリスやオランダの捕鯨船がいた。

アメリカの捕鯨

ネイティブアメリカンたちは、浜に打ち上げられた鯨を捕獲して、暮らしに活用していた。油を取る、鯨肉を干してジャーキーにして食べる、骨を使っていろいろなものをつくる、ヒゲは現代のプラスチックのようにさまざまな物づくりの素材にする、というように。

そのうちに、小舟を出しポー（PO）という銛《もり》で鯨を獲りに行く漁を始める。

やがて植民地時代になり、一六四〇年にロングアイランドに住む移民たちがネイティブアメリカンから学んだ捕鯨の方法を真似るようになる。

ナンタケット島でも、クエーカーたちがネイティブアメリカンの方法を真似て捕鯨を始めたことは三章でお話しした。

ナンタケット島は最も多く鯨が獲れる地域の拠点として捕鯨の中心になっていく。


一七〇〇年代初頭には近海のクジラを獲り尽くし、遠洋での捕鯨へと変わっていった。

遠洋での捕鯨は、大きなマッコウクジラを目的としていた。

マッコウクジラは、英語でSperm Whale（スパーム・ホエール）。

良質な油を頭部のポケットにたっぷり貯めている特殊な鯨である。

マッコウクジラの油はセミクジラの油よりもずっと上質で煤《すす》が出ないこと、長く灯火が燃え続けることから価値が高かった。

この鯨はオオイカを食すが、そのオオイカの口の部分は消化できずに体内で結石化し、龍涎香《りゅうぜんこう》という高価なお香になる（今でも一頭あたり一千万円以上で取引がされている）。

それもマッコウクジラの人気の秘密である。

また、マッコウクジラの頭のポケットにある極めて良質な油は、空気に触れると白濁し精子のように見える。英語名のSpermとは精子のこと。このポケットから油を取り出すために頭部に入りバケツで汲み出す体の小さい仕事人が必要で、そのために捕鯨船には十一歳から十四歳の少年が乗り込んでいたそうだ。

マッコウクジラから取れる鯨油の量で人々の収入も大きく増えるが、それと引き換えに、荒ぶる海原で怪物のような鯨に挑む捕鯨の仕事はより危険な命がけのものとなり、さらに一度航海に出ると二、三年は帰れないという過酷さを増した。

当時の捕鯨の様子を説明してみることにしよう。

大きな本船に、鯨を追って銛で打ち込んで仕留める役割の小型のホエールボートを数隻積み込む、これが捕鯨船の陣容だ。

本船には、船長、航海士、舵手、ボートの乗組員、炊事係、給仕、樽職人など、さまざまな役割の者が乗っている。時には、船長の一家（妻や子どもたち）も乗船し、生きた山羊や鶏なども一緒だった。当時の船長の平均年齢が二十七歳くらいだったことを思えば、若い妻や幼子《おさなご》などの家族を伴っていたことも納得できるが、珍しいケースだと思う。

一八六八年から一八七一年まで捕鯨船で暮らしていた船長の娘、六歳のローラ・ジャーネガンの日記がある。そこには船上でも勉強をしたり遊んだりしている様子が書かれつつ、

「大きなマッコウクジラを四頭捕獲した。それを見るのはとても楽しい」

「船員たちは鯨の油を溜めている」

「船員たちは鯨を切っている。すごく臭いがした」

「大きなマッコウクジラから四十本の歯を取った」

「パパはマストの頭から鯨を見た」

「かなりの嵐だ。一人が死んだ」

など捕鯨に関する記述も多々なされている。

また、「私たちは船に六匹の豚をのせている」

「鶏が卵を五十個産んだ」

「私はここで二匹の子猫と一匹の子犬を飼っている」とも。

ローラの父親は捕鯨航海で十万ドルを稼いだという。現在の価値でいうと、一億円くらいだと思う。


では、実際の捕鯨の方法はというと、まず、航海をしながら高い見張り用のマストにいる監視係が海を見て鯨を探す。大海の波に揺れる船の中で最も高いマストの居心地は相当揺さぶられてひどいものだ。そこで何時間もじっと鯨を探し続けなければならない。

鯨を見つける手がかりは潮吹きだ。

鯨は十五分から二十分ごとに空気を吸うために海面に上がってくるが、そのときに肺から吐き出した息と一緒に体や鼻の窪みに溜まった海水を勢いよく吹き飛ばす。これが潮吹きで、つまり、鯨の居場所の目印となる。潮の吹き方で鯨の種類もわかる。

一度その潮吹きを見つけると、鯨はまたその近くに現れるので、最初の潮吹きを見つけたらホエールボートの出動準備を始める。

時には何か月も鯨を見つけられないまま航海をしていることもあるので、鯨を見つけた合図で船全体が興奮し、活気づく。

ボートには銛、銛とボートをつなぐロープが装備されていて、航海士、舵取り、漕ぎ手数人が乗り込み、母船から降ろされると、さあ、鯨を目指して海の上を必死で進むのだ。

三~四隻のボートが一斉に鯨をめがけていくのはまるでレースのようだ。

そうして、目当ての鯨に近づき、急所めがけて銛を打ち込む。鯨の急所は、ヒレの付け根だ。

これは難しい仕事だが、ベテランともなると、命中率はかなり高かったようだ。

しかし、自分たちのボートよりずっと大きな鯨の体に銛を打ち込んでもすぐに仕留められるはずはなく、銛を打ち込まれた鯨は暴れまくり、疾走していく。こうして銛を打ち込んで暴れる鯨を弱らせていき、やがて鯨が力尽きるのを待つのだ。

鯨に刺さった銛はロープでボートとつながれているため、勢い、ボートは想像を絶するスピードで海の上を鯨に引っ張られていく。

この様子がまるで雪山をシューッと滑っていくソリのようなので、「ナンタケットのソリ遊び」といわれていたそうである。しかし、とてもそんな呑気な状況ではない。

何隻ものボートから打ち込んだ銛とそれをつなげるロープによってがんじがらめにされた鯨は、凶暴な動きで人間たちを振り払おうと必死だ。ソリのようにボートを引っ張ったかと思えば、旋回してボートを下から突き上げたり、大きなアゴでボートを噛み砕いたり、巨大な尾で叩きのめしたりと攻撃に出てくる。海の下に潜ったり、ものすごい速さで逃げたりもする。

ロープが引きちぎられ、ボートは壊され、乗っている者たちは海に投げ出され鯨の体当たりを食らうこともある。

しかも、その海にいるのは鯨だけではない。

鮫もまた餌を求めてうろついているのだ。

一度血の臭いがすると鮫たちは寄ってくる。

どれほど命がけの仕事であることか。

まさに死闘だ。

それが捕鯨の現場の光景だったのだ。

捕鯨船に乗る者にとって死はいつも隣り合わせだった。

大自然を相手にする仕事は、人間のちっぽけさを突きつけられる残酷さが伴うともいえるかもしれない。


その頃の日本の捕鯨を少しだけのぞいておきたい。

なぜならば、日米という二つの国を結ぼうとする動きが鯨を通して見られていくが、それは一方的にアメリカで行なわれていたのではなく、鎖国中の日本でも捕鯨が行なわれていたからだ。

日本では沿岸部の追い込み漁が中心だった。

江戸幕府ができて間もなくの慶長十四（一六〇九）年、「大船建造《たいせんけんぞう》の禁《きん》」が出され、軍用商用を問わず五百石積《こくづ》み以上の船が没収された。

さらに、寛永十二（一六三五）年に制定された「武家諸法度《ぶけしょはっと》」において五百石積み以上の船の所有が全国的に禁止され、宝永七（一七一〇）年には五百石積み以上の大型船の建造が禁止となる。

このように鎖国時代は大型船の製造は許可されていなかったため、技術はあっても遠洋での捕鯨をすることはできない状況にあった。

鯨油を求めてどこまでも

アメリカの捕鯨船では、獲った鯨を本船まで曳航《えいこう》して海上で解体し、肉を煮立てる。それを漉《こ》したものが鯨油だ。

鯨の皮を剥ぐには、皮と肉の間に刃物を入れて、鯨を回転させながら、まるでリンゴの皮でも剥くようにしていく。

煮立てる大きな鍋は、船上にいくつか並べて置く。煮るための燃料は、鯨油を漉したカスで賄えたという。

鯨を捕獲するのも大変なら、母船でその鯨を解体して鯨油を取り出すのも大変な作業だ。

鯨油の精製には三日三晩かかり、その間、交代で見張りをする。

それほどまでしてでも男たちは捕鯨を続ける。

石油の精製技術がなかった時代、鯨油は大量に取れる産業物であり、キャンドルなどの燃料として重宝され、ヨーロッパに輸出されて莫大な利益を生んだ。

アメリカの独立戦争後、アメリカの捕鯨は二度目の繁忙期に向かっていき、一八一八年までに世界の捕鯨量の約八十パーセントを手にするまでになった。

その頃、世界の捕鯨基地として、ニューベッドフォードとナンタケットがその役割を担っていた。

十九世紀半ばまでがアメリカの捕鯨の全盛期だった。

捕鯨産業に携わる人は七万人、投下された資本は七千万ドルと言われている。

今の一ドルはその頃の三十ドル七十セントくらいに値するようなので、それをもとに計算するとおよそ資本は二十一億ドルくらいだろうか。

捕鯨船のオーナーは、何人かで船を所有し、リスクを分散していた。

一八五三年に最高益を記録。

その内訳は、捕獲された鯨八千頭以上、生産高はマッコウクジラの鯨油十万三千バレル、鯨油二十六万バレル、鯨ヒゲ五百七十万ポンド、その売上合計額は千百万ドル。

バレルという単位は一般の方にはなじみが薄いと思うので、私なりに計算してみた。

一バレルは、約百五十九リットル。

一リットルは、〇・〇〇一立方メートルなので、一バレルは約〇・一五九立方メートルになる。

最高益時のマッコウクジラの鯨油十万三千バレルがどれほどの量かといえば、約一万六千三百七十六立方メートルで、およそ二十五メートルプール二十五杯分になろうか。

その量を想像するのに役立てていただければと思う。

当時の捕鯨産業はアメリカ第五位の産業にまで成長していたのである。

ジャパングラウンドの発見

一七九一年、ナンタケットから出港した四隻の捕鯨船と、ニューベッドフォードから出港した一隻の捕鯨船が、アメリカの捕鯨船として最初に太平洋に出漁した。

それからは、サンドウィッチ諸島（ハワイ諸島）が太平洋の中継基地になっていく。そこでは船の燃料補給や修理、鯨油を商船に移す作業などが行なわれていた。

そして、一八一九年、ナンタケット島を出港した捕鯨船が、日本列島の沿岸のマッコウクジラの豊富な漁場を発見した。

小笠原、北海道、ハワイを結ぶ海域は、マッコウクジラが多く生息しており、多くの捕鯨船が操業していたジャパングラウンドと呼ばれるところだ。

時は江戸時代後期、各地の海で獲り尽くしてきた欧米の捕鯨船にとって、日本近海は最後のマッコウクジラの宝庫だった。ナンタケット人などアメリカの捕鯨船はここを最終目的地として航海したのである。

しかし、日本は鎖国をしていたため、アメリカ船の寄港は認められず、ボニン（小笠原）諸島で燃料などの補給をしていた。

一八三〇年から一八六〇年までは太平洋の捕鯨の黄金時代とされている。

黒船より前に日本に来ていた捕鯨船

アメリカの捕鯨船にとって、日本近海は人気の場所となった。

しかし、鎖国中の日本はオランダ船の長崎寄港以外は認めなかったので、捕鯨船はボニン（小笠原）諸島を中継地にしていた。

実はこれが小笠原諸島の開拓につながっているという説がある。

小笠原諸島の発見者は、信濃国の小笠原貞頼《おがさわらさだより》であるといわれているが鎖国以前のこと。

一八二四年にイギリスの捕鯨船が立ち寄った記録があり、一八三一年からは毎年、欧米の捕鯨船がこの島に来ている。

ハワイも捕鯨の中継地となっていた。

この頃になると日本からの漂流民がたびたび救助されるようになった。

一八〇六年、安芸《あき》の船、稲若丸《いなわかまる》は大坂から伊勢に向かう途中で暴風雨に遭って漂流し、アメリカの捕鯨船に救助された。乗員はハワイのオアフ島に上陸し、カメハメハ大王に謁《えっ》見《けん》したという記録がある。

一八三八年、三陸海岸沖で漂流した富山の運搬船「長者丸《ちょうじゃまる》」は、五か月後にアメリカの捕鯨船に救助され、乗っていた船員の次郎吉たちはハワイに同行した。救助したのはナンタケットから出港した捕鯨船ジェームスローパー号だった。

次郎吉は、捕鯨船での滞在中にアメリカの捕鯨を目のあたりにした。ハワイの生活でも多くの見聞をした。

一八四三年にカムチャツカ経由で帰国した次郎吉は、捕鯨船やハワイで経験してきたことについて聞き取りをされ、その内容は幕府の学者によって『蕃談《ばんだん》』という書物にまとめられた。

一八四一年一月、土佐清水から出た五人乗りの小さな漁船は、時化《しけ》に遭い漂流し、土佐清水から海上七百六十キロメートルの太平洋の鳥島《とりしま》という無人島に漂着する。

そこで過酷な生活を送って百四十三日目、ウミガメの卵を食糧にするためにこの島に寄ったアメリカの捕鯨船ジョン・ハウランド号に発見され、助けられた。

しかし、先の一八三七年にアメリカの商船モリソン号が、マカオ沖で救助した日本人の漂流民たちを帰国させてやろうと日本沿岸に近づいたところ、日本から砲撃を受けていた（モリソン号事件）。

そこで結局、ジョン・ハウランド号の船長ウィリアム・H・ホイットフィールドは、五人の日本人の漁師を安全なハワイへ連れていくことにした。

一八四五年、アメリカの捕鯨船マンハッタン号は、食糧用のウミガメの卵を求めて立ち寄った鳥島で、日本人の漂流民十一人を救助した。

さらに翌日も十一人の日本人を救助。

それらの日本人は、江戸に荷物を運ぶ廻船《かいせん》がそれぞれ仙台沖と紀州沖で遭難した乗員たちだった。

船長のマーケイター・クーパーは彼らをなんとか帰国させてやりたいと考えたものの、日本は鎖国中。

また、先に述べたように過去には近づいた捕鯨船が砲撃された事件もあった。

考えたあげく、まず四人を房総半島沖からボートで上陸させて、話を通してもらうことにする。

先に上陸した漂流民たちは房総から浦賀へと進み、アメリカの捕鯨船に救助されて船の中で親切な応対を受けたこと、残りの仲間も帰国を願っていることを浦賀奉行に伝え、奉行は幕府に相談した。幕府が協議している間、マンハッタン号は強風を避けるため、いったん九十九里方面に避難したが、再び房総沖に現れる。

その頃に幕府からは浦賀への入港の許可が出たので、そこから浦賀へ。

こうして、トラブルもなく二十二人全員を帰国させることができたのだ。

日本側からマンハッタン号には水や食料、お土産などを渡し「二度と戻ってこないように」と伝えたといわれている。

鎖国中にあって、マンハッタン号は平和な状態で日本に寄港した船となり、クーパーは初めて公式に日本を訪問したアメリカ人となった。


一八四〇年代、世界最大の捕鯨国であったアメリカは、太平洋で漁をしていた捕鯨船で何人もの漂流した日本人を救助していたのだ。

日本が鎖国をしていた時代に、遠い海洋では、アメリカの捕鯨船が何人もの日本人を救っていたというのだ。

捕鯨がきっかけでアメリカ人と日本人が交流していた。

それは、ペリーの黒船が開国を迫って浦賀にやってきたよりも四十年以上前からのことだが、捕鯨船によるアメリカと日本の交流が、開国のドアをノックしたのではないかと、私には思える。

ジョン万次郎《まんじろう》

日本の鎖国から開国、明治にかけて、アメリカと日本の架け橋となった人物がいる。

一八四一年にアメリカの捕鯨船ジョン・ハウランド号に五人の日本人が救助され、鎖国のため日本に帰国できずハワイに連れていかれたと述べたが、その五人のうち一人、アメリカ本土へ一緒に連れていってほしいと願い出た者がいた。

十四歳の万次郎《まんじろう》だ。

船長は快諾し、四人の日本人をハワイに下ろすと、万次郎を連れてアメリカへの帰国の途に就く。

万次郎の観察力や行動力はたちまち認められ、ジョン・ハウランド号の名から取って「ジョン・マン」と呼ばれるようになった。

ニューベッドフォード港に帰ってくると、ホイットフィールド船長の家に住まわせてもらう。アメリカに住んだ初めての日本人となった。

彼こそがジョン万次郎である。

その後の生活について、ニューベッドフォードの近くにあるホイットフィールド・万次郎友好記念館の資料から抜粋して紹介しよう。

――船長は外国人の万次郎を自分の息子のようにして、面倒を見た。万次郎の名は、町の人たちの口先にもよくのぼり、好感を持たれた。生まれて初めて学校（オールド・ストーン・スクール）へも通わせてもらい、船長宅の近くの家庭教師（ミス・アレン）の家へも英語を習うため、行かせてもらった。のちには、私立の高等教育機関バートレット・アカデミーで海洋航海、造船技術、船の操縦術、数学、海面測量学、天文学などを習得した。

そして、一八四六年には再びジョン・ハウランド号の船員として捕鯨のために航海に出ていき、三年四か月の航海で、捕鯨頭数五百頭、鯨油千樽を搾取してニューベッドフォードに帰港した。

その後、もう一度捕鯨の航海に出るが、成功しない。

万次郎はゴールドラッシュに乗り金鉱でお金をつくり、客船でハワイに行く。

それは、残って生活していたかつての四人の乗員仲間を迎えに行くためだった。四人のうち、一人は現地で結婚しており、そこでの生活を選び、もう一人も留まることを希望したので、他の二人を連れて日本に帰国することに。

万次郎が彼らと三人で帰国したのは、一八五一年二月。

薩摩藩に属していた琉球にアドベンチャー号という船で上陸し、本土の薩摩に送られた。

当時の藩主、島津斉彬《しまづなりあきら》は西洋文化に大変興味があった人物だったので、万次郎から海外情勢や文化について聞きたいことは山ほどあり、厚遇を受ける。

そして、万次郎が教えたアメリカの造船や航海の技術や知識をもとに、薩摩藩は和洋折衷といえる船をつくっている。のちに万次郎は、薩摩藩の洋学校である開成所の英語講師にも招かれた（一八六四年）。


摩擦から長崎に送られて踏み絵をしてキリスト教徒でないことを確認され、江戸に送られて尋問を受けたあと、ようやく故郷の土佐清水に帰ることができたのは一八五三年。

漂流してから十一年が経っていた。

その後、ジョン万次郎こと中浜《なかはま》万次郎は、日本の開国に立ち会う人物として重要な役割を果たしていく。

やがて、黒船が日本に来て開国を迫ったとき、アメリカの知識を必要としていた幕府から万次郎は江戸に呼ばれる。

万次郎は英語が話せるので通訳を申し出たが、幕府からスパイ容疑が出され、信頼されずに採用されなかった。

しかし、万次郎の活躍はこれからだ。

開国後の一八五九年、幕府の「鯨漁御用《くじらりょうごよう》」という職に就き、アメリカ式の遠洋漁業の方法を日本に広める役割を果たした。

また、長い鎖国の間にイギリス領とされていた小笠原諸島だが、調査により日本領であることが判明し、当時の外国奉行であった水野忠徳《みずのただのり》が領土交渉にあたった。その際、捕鯨の経験もある万次郎は通訳として同行している。

小笠原諸島を日本領として取り戻せると、幕府はその近隣での捕鯨を推奨。万次郎は洋式捕鯨船フェンナ号を購入して一番丸と名付け、捕鯨に乗り出した。

のちに、日米修好通商条約批准にあたり、幕府がアメリカに送った初の海外公式使節団の福沢諭吉《ふくざわゆきち》や勝海舟《かつかいしゅう》の通訳を務めるなど、近代日本における日米の架け橋となるわけだが、捕鯨船とも大きく関わっていた人物だったのである。

ペリーの黒船来航

鎖国を続ける日本の門戸を開かせたい。

そのきっかけは捕鯨船が目指したジャパングラウンドだったのではと私は考える。

ジャパングラウンドで捕鯨をしたいアメリカは、給油、水や食料の補給のため日本への寄港を望んでいた。

さらには北太平洋の要衝にある日本と、なんとしても国交を持ちたかったのではないかと思う。

かたくなに鎖国を続ける日本に圧力をかけようとしたのが、ペリーの黒船だ。

当時のアメリカ大統領フィルモアは、ペリーに東インド艦隊司令官を命じ、東海岸のノーフォークから日本へと向かわせた。

当初十二隻の大艦隊で日本に行って圧迫感を演出する予定が、それらの船の故障などトラブルが相次ぎ、海軍初期の蒸気船ミシシッピー号で浦賀沖に到着した。

一八五三年、七月八日のことである。

ミシシッピー号の砲弾窓を全開して脅し、日本の開国を求めるアメリカ本国からの親書を手渡したペリーは、翌年二月に再来航。

その三月に日米和親条約が横浜で締結される。

これにより、下田と箱館の開港、アメリカ船の物資の確保、アメリカ人の安全保障などが決まり、下田にはペリー艦隊の船が続々と入港するようになる。

しかし、横浜で締結した日米和親条約では細かいことが決められていなかったため、ペリーは下田で日本側との交渉を進め、十日間の協議の結果、一八五四年六月十七日、下田条約が締結された。

この条約ができると、アメリカ人は下田の街を自由に歩く権利「遊歩権」を得て、下田の町民たちとの異文化の交流が始まることになる。

余談になるが、一九五九年に制作されたアメリカ映画『黒船《くろふね》』は、全編を日本で撮影したもので、一八五六年に最初の駐日総領事として下田にやってきたタウンゼント・ハリスと、下田奉行からハリスの身の回りの世話を命じられた芸者お吉《きち》との恋物語だ。

フィクションではあるが、ひなびた漁村だった下田に大きな黒船がやってきたときの村人たちの驚きや、ハリスへの冷遇から始まり、当時の様子を想像するのに役立つシーンがたくさんあって興味深い。

この映画の中で、ハリスが下田奉行に言った言葉は、

「あなたの国は、世界の海に通じています」

なんとも十九世紀の捕鯨時代を象徴するセリフだと思い、印象的だった。


一八六七年、大政奉還《たいせいほうかん》。

一八六八年、明治時代の始まり。

ペリーの黒船来航から徐々に新時代の幕開けへと日本の歴史は動いていったのである。

アメリカが日本に開国させたかった動機には、ジャパングラウンドの捕鯨船の拠点が欲しかったこともあるので、捕鯨が日本を開国に向かわせたともいえるのではないだろうか。

捕鯨、アメリカ、日本。

友人がオーガナイズしているニューベッドフォードの近くにあるホイットフィールド・万次郎友好記念館には年に何度か足を運ぶ。パイオニアとしての彼の迷いや苦悩が見えるような気がする。新しいことへの挑戦、挑む楽しさ、学ぶ喜び、そして日本への郷愁。二つの国を行きつ戻りつする心。いつしか私の気持ちを重ねてしまう。

アメリカで初めて暮らした日本人、万次郎。捕鯨が開国に繋がった歴史をはじめ、ア

メリカと日本を結んできたものは色々あるが、このナンタケットバスケットも、民間レベルではあるが、文化の架け橋としてアメリカと日本を繋げていかれたらうれしい。

第五章　日本で今、かごは

かごが結んだアメリカと日本の絆。

アメリカ東部の大西洋の小さな島から私がつくり方を日本に持ち込んだナンタケットバスケットは、今、日本中にその技術を伝承しようとする人たちが増えてきている。

日常生活でバスケットを愛用する女性たちが、自分でつくる楽しみを知り、人に教える喜びと、自立という誇りと自信を身に付けてくれたら、なんとうれしいことだろう。

そして、そのバスケットは次の世代へと大切に受け継がれ、色が深まっていき、よりいっそう〝大切な宝物〟になっていくのだ。

歴史と愛をいっぱい詰めて、ナンタケットバスケットは日本でも着実に息づいている。

バスケットの輪の広がり

二〇一四年、ニュー・イングランド・ナンタケット・バスケット・アソシエーションの十五周年パーティーは、京都ボストン姉妹都市五十五周年記念式典の一部として催され、大徳寺《だいとくじ》で展示会を行なわせていただいた。

京都では一力茶屋《いちりきちゃや》などでも展示会を開催している。

大徳寺をはじめとしてお寺、老舗百貨店、クラシックな旅館やホテルなど、日本各地の、

「伝ふるもの」の価値を共有できる尊い場所で、ナンタケットバスケットの展示会、講習会などを開かせていただいている。

ボストンでは、毎年「CraftBoston（クラフトボストン）」というイベントに参加させていただいている。

これは、一八九七年にアメリカのアートを促進する目的で設立された「Society of Arts + Craft」という団体が主催しているものだ。この団体は、アメリカ中の高等な技術を持ったアートやクラフトに焦点を当て、また、アートを学び理解する活動の促進を図っている。これまでの活動によりアメリカのアートの技術やレベルが高度化してきたという功績がある。

活動のパフォーマンスをさらに高めていくためにはアーティストの広告活動や販売促進も重要と考え、毎年、アメリカ全土から四百人以上を招待して行なっているのが「Craft Boston（クラフトボストン）」だ。

私たちもこのイベントに毎年招待していただき、ナンタケットを代表し、バスケット製作のデモンストレーションと体験ワークショップを開いている。

かごの伝承技術の価値やかごの魅力を伝えるだけでなく、日本人とナンタケットバスケットとの繋がりを知ってもらえる機会にもなっていると思う。

日本一のクルーズ船飛鳥Ⅱ《あすかツー》の中で、ナンタケットバスケットの紹介やバスケットの技術を使ったバングルづくりなどのクラスを行なう機会をいただき、毎年、私も乗船している。飛鳥Ⅱは、日本最大のクルーズ客船であり、海外を巡る長旅を楽しく充実して過ごせるよう盛りだくさんのプログラムが用意され、乗客は好きに選ぶことができる。どれも一流の講義や講演のそのなかに、私のクラスも採用していただいている。その栄誉に感謝する。捕鯨の歴史やバスケットについての講演をしたり、初めての人でもできるようなキットを用意してキャンディバスケットやバングルづくりを教えている。

このような活動も、かごの魅力を伝えることに繋がればうれしい。

何年か前、飛鳥Ⅱの乗船中に鳥島のそばを通過したことがあった。

船から見るかぎり、そこは絶海の孤島。

ここはかつてジョン万次郎が漂流してたどり着き、立ち寄った捕鯨船に救助されたところだが、このような海の孤島にたどり着くことも、立ち寄ることも、奇跡のように思えた。さらにいえば、捕鯨船がナンタケットからここまで来ることも大きな奇跡のように感じる。

捕鯨船でここまで来た時代に思いを馳せると、鳥島の見方も変わってくる。

また、時折昭和女子大学でグローバル・ビジネス・クラス（Global Business Class）の講義をやらせていただいている。ナンタケットバスケットとの出会いから現在のビジネスとして確立するまで、本書の内容を凝縮したような話をつたないながらさせていただいている。若い女子学生たちがかなり興味を持ってくれ、有意義なものになっていると思う。

日本ナンタケットバスケット協会

二〇一七年、日本ナンタケットバスケット協会が誕生した。

一九九九年にボストンで設立されたニュー・イングランド・ナンタケット・バスケット・アソシエーションの支流という関係になる。

ボストンと同じく、ナンタケット島との交流を通じて、バスケットの製作技術、バスケットの伝統や歴史を伝えていくための活動を行なうものだ。

日本での生徒がかなり増えたこと、インストラクター希望者も増加していることから、日本支部という位置づけできめ細かい対応ができる役割を担う。

日本ナンタケットバスケット協会公認インストラクターの育成も行なっている。


今、全国各地にナンタケットバスケットの教室があるが、そこで指導するインストラクターになるには、いくつものステップをクリアしなければならない。

まずいくつかのバスケットを製作し、インストラクターを目指したいと思ったらそこで意思を確認し、次のステップへ進む。

バスケットにはいろいろな形のものがあり、そのつくり方をすべて覚えなくてはならないので、マスターするには最低三十近くのバスケットをつくることが必要だ。「最低」とつけたのは、上手くできなければ何度でも何個でもつくることになるからである。

最後の難関は、キドニービーンという形のバスケット製作。

キドニーとは腎臓のこと。腎臓か、飯盒《はんごう》のような豆形をしたバスケットで、これをきれいに完成させることはとても難しい。今までの知識をすべて引き出しから出し、自らの力で完成させなければならない。

一回で合格する人はほぼいない。たいてい二、三回はやり直して、ようやく合格するくらいの難度だ。

ここまでで二～三年ほどかかる。

その二～三年の間のミッションとして、ナンタケット島で三日間のレッスン及びボストンのグレイミストスタジオで私のバスケット製作クラスを受け、ひとつのバスケットを、私の指導のもとつくるというプログラムがある。島では島のアーティストとの交流や講習もあり、島とのつながりを強化していくプログラムでもある。

これは伝統を重んじるナンタケットバスケットだからこそ、大事にしたいミッションであると考える。

このバスケットが生まれ、大切に伝えられてきたナンタケット島を実際に訪れて、その空、海、風、陽射しを自分の五感で感じてもらいたい。

島の歴史的な街並、自然あふれる風景、洗練された人々の笑顔に触れてもらいたい。

かつて私がアランに習ったように、ナンタケット島で学ぶという経験を土台に持ってもらいたい。

そして、私自身のナンタケットバスケットへの想いを受けとめて、技術とともに伝承していってもらいたい。

そんな願いが込められている。

バスケットへの想いをしっかり理解するとはどういうことか。ただきれいに編めればいいという技術ではない。

日本からボストンに着くと、時差ぼけも関係なく、私のレッスンが始まる。

五日間、朝十時から夕方五時までバスケットをつくり続けるのだ。

宿題も出るので、けっこうハードな日々となる。ボストンの街を一度も見なかったという声をよく聞く。

島では、ナンタケット美術館でスクリムシャウの講義、歴史や文化の講義、島視察、アランや島の作家との食事会などを行ない、その人柄にふれてもらう。

こうしてみるとインストラクターになるまでは大変なカリキュラムなのだが、そのわけは修了したときに「私は伝道師である」と自信を持てる人を育てなくてはならないと考えているからだ。

そのような人材育成は私の使命でもある。

もうひとつ、やらなければいけないと思っている課題がある。

それは、亜流のナンタケットバスケットについてどのように対応するかだ。

インターネットの時代、ナンタケットバスケットとして販売しているサイトがあるが、その価格も適当ではなく、出来映えも不安なものが多々あることが残念だ。今年(二〇一九年)のバスケット美術館の展示に、本物とニセモノのバスケットの展示があった。

本当のかごを見る目を持ってもらい、購入してほしいと思っている。そのためにも、これからも展示会などを開いていかなければならないと考えている。

また、ボストンで何度かあったことだが、私たちの店に修理に持ち込まれたかごが、一時期中国で大量に生産されていた、廉価なかごだった。

持ち主は本物だと信じてナンタケットバスケットを持てる喜びを感じているので、残酷な真実を伝えるのにも躊躇してしまう。

本物とはなんなのかと考えてしまう一瞬だ。

バスケットづくりで夢を叶える女性たち

ナンタケットバスケットは、〝かご界のエルメス〟といわれていると書いたが、たとえばエルメスを持っていても、このバスケットをつくりたいという女性が増えているのはなぜだろうか。

それは、ナンタケットバスケットが〝自分でつくることのできる美術品〟だからだと思う。そしてつくる過程が自分との戦いであるから。

エルメスのバーキンはとても素敵だが、自分でつくれるものではない。

ナンタケットバスケットは、自分でつくり、それを持って歩く。そして人との対話の糸口となる。

その会話を人々は求めているのだと思う。人と人の繋がり、新しく知り合う喜び。そんな繋がりをつくるきっかけになるのが、このナンタケットバスケットなのだ。

今、各地の教室は年々生徒が増え、ウエイティングリストが出ているところもある。

インストラクターの一人がこんな話をしてくれた。

彼女は、以前、フラワーアレンジメントの講師をしていたが、このバスケットに出会って、一気にのめり込んだ。ナンタケットバスケットの製作を始めて十五年以上経つが、いまだに修業の身だし、いまだにおもしろくてわくわくする、これほど打ち込めるものはこれまでなかったという。

私も、いまだに修業中であり、一生かけて追求するライフワークだと思っているので、彼女の気持ちはとてもよくわかる。

このバスケットづくりはいつまでも創造力をかき立てられ、自分でつくることのできる美術品なのだ。そして多くの人と出会える。

インストラクターの交流場として、一年おきに展示会のイベントを開催している。テーマを和と洋と交互に設定し、会場からそれに合わせて企画、セッティングする。和のテーマの例では、友人の伝手《つて》で、代々木能舞台を会場に使わせていただき、能を鑑賞し、バスケットの展示も行なった。名は「伝ふるもの」。伝えられるもの、伝ふるもの、の条件はひとつではない。長年伝え続けられるというものの持つ、力と魅力を伝えたいと思う。

やはりナンタケットバスケットには〝伝承〟というミッションがあるので、同じ思いを共有できる伝統芸能とはとても融合するものだった。

バスケットで笑顔を持ち寄りたい。だからパーティー。私たちがバスケットを幸せの象徴にしたいから、皆で祝いたいのだ。

ピースバスケット

二〇一一年三月十一日に起こった東日本大震災。

それは遠く離れたボストンにいた私にとって、何もできず、どうしようもない気持ちに揺さぶられるばかり。私にできることは何もなく。

そんなとき、バスケットを一目ずつ多勢の人の手で編んで仕上げていこう、平和な日常を祈る気持ちを形にしたい、と思い立った。

まずはじめの数段を編み始めた。そこから次々と多くの人の手で編目が増えていった。

ボストンではグレイミストに訪れる人々が、思いを込めて編んでいく。ボストンから、福岡、東京、神戸、そして二〇一七年二月にはクルーズ船飛鳥Ⅱにも乗り、東南アジアへ……。

名付けてピースバスケット。

これまでに三つのバスケットができ上がり、ナンタケットバスケット美術館に飾られている。製作に携わってくれた方々の名前を記したノートも一緒に。

それからは被災地の福島に何度か足を運んでいる。

アメリカでは、思いを寄せてキルトをつくって贈る習慣がある。

そこで、一人一針ずつ縫ってキルトを完成させていくテワッサ（TEWASSA）を届けているのだ。遠く離れていて直接は何もできないけれど思いは届けられたら、と始めた活動が有志の力で継続されている。

テワッサとは、福島の方言で〝手づくり〟のこと。

ナンタケットバスケットと同じように、丁寧に心を込めてつくり、わずかだが募金とともに届けている。

これまでに南相馬市《みなみそうまし》、宮城県石巻市《いしのまきし》立大川小学校、福島県立医科大学、双葉町《ふたばまち》の方々や埼玉の避難所などへと、順に届けてきた。

バスケットを編む思いと同じである。

捕鯨船の中で遠い故郷を思いながらせっせとかごを編んだクーパー（樽職人）たちと同じように、遠い故郷日本の被災地を思いながらせっせとキルトを刺す私たち。

アメリカで多くの人が気持ちを込めて一針ずつ縫ったキルトを、海を越えて日本の被災地の方々に届けたとき、予想以上に喜んでいただけたことに、私たちが元気をいただいた。バスケットもキルトも「想い」なのだと思う。その想いが伝えられる、そのことが素晴らしいのではないだろうか。

かごのこれから

今日も私はかごを持って、あちらこちらを飛び回っている。

かごに関わるこの仕事が本当に好きだ。

どんなに忙しくても少しもつらいと思ったことはない。人と出会える。かごとの出会いは、私の人生をすっかり明るく変えてくれた。

ふと、思うのは、

このかごに出会わなかったら、私は何をしていただろうか。

このかごに出会いつくることにより、私は伝統をつなぐということを、アメリカの文化や風習を、深く学ぶ機会を得た。


かごをつくるために、あれほど島に通わなければ、見えなかったことがたくさんある。かごをつくったことで、かごの本当の魅力を知り、多くの人に出会った。

人生において本当に大切な人、本当に大切なもの、そして、本当に大切な学びは、簡単には出会えず、簡単には自分のものにはならないのだとつくづく思うのだ。

ナンタケットバスケットがそれを私に教えてくれた。

心から、このかごとの出会いに感謝している。

私にとっては、かごは自立や自由を教えてくれたものだが、きっと皆さんそれぞれの人生に、私のかごは存在する。


一生勉強だ。

そして、ただ自分のためにつくるのではなく、つくり上げたかごが、他の人との絆となる感動もたくさん味わってきている。
人との出会いと感動は、人生におけるいちばんの財産。
かごのぬくもりはそんな絆のもたらす温かさでもある。
かごに興味を持ってかごの世界に足を踏み入れてくれた皆さん。
どうぞ、大切な人、大切なもの、大切な学びをここから得ていってほしい。
私もずっとその探求を続けていく――。
あなたも、あなたのかごを探してほしい。

あとがき

ずっと走り続けてきた生き方だったので、これまでの歩みや、かごについてのことをじっくりとまとめるのにはとてもよい機会をいただいたと感謝している。うろ覚えだったことも多々あり、資料を調べたりしながらまとめていった。アラン、ナップ、ダーシーなどにも、今回は本のための取材という形で、出会った頃の私の印象や当時の思いなどについて話を聞いてみた。それは、ナンタケットの皆の気持ちを改めて知ることになり、二十五年の日々の振り返りが濃度を増した。

離婚をし、一人で息子二人を育てる。経済的なことを一人で考え、こなしていく。自立せざるを得ないなかでかごに出会い、私はかごに教えられ、自由という権利を初めて得た。そして出会った、ケニーというパートナーとの結婚。

ナンタケットバスケットが、私をこの結婚生活に導いてくれたのだと思う。結婚は依存ではない、お互いの自立を尊重できる居心地のよい場所をつくることだ。

ケニーと結婚して、今の私の幸せな人生がある。

今日まで多くのご縁に恵まれてきたが、ふとした出会いから、この本の出版が決まった。

東京で毎年数回行なわれている同年の集まりの会で出会った、リーブクリエイション代表の立岡ふじ美さん（ふーちゃん）が、私の持っていたナンタケットバスケットを見て目を輝かせた。彼女と話すうちにいろいろな共通点があり、意気投合。そして本の企画制作の仕事をしているふーちゃんを通して小学館の宮坂保志編集長と出会い、そこから「かごの本をつくる」という思いがひとつになって実現したのが本書である。宮坂さんもナンタケットバスケットの魅力をよく理解してくださり、いずれ自分でつくりたいとも言ってくださっている。

ふーちゃん、宮坂さんにも心から感謝を申し上げたい。

振り返るということは、自分を今日まで支えてきてくださった方々への気持ちを再確認することだとつくづく思う。

この出版への道のりは、私の子どもたちの我慢やまわりの支えへの感謝に満ちたものだった。

改めて、感謝の気持ちをあとがきとする。

かご伝　歴史年表

1600~1699

	1600~10	1620	1630	1640
アメリカ合衆国		メイフラワー号が現在のマサチューセッツ州プリマスに植民1620		
ナンタケット島		クエーカー教徒を中心に清教徒（ピューリタン）の入植が始まる		
ナンタケット島の捕鯨	1600年代より先住民による捕鯨文化が始まる	当初クエーカー教徒らは、養羊業と農業を中心に営んでいた		
ナンタケット島のバスケット				

1690	1680	1670	1660	1650
		潮や嵐の災害が重なり1671～1720にかけて東方へ移転		クエーカー教徒が島を買い取る1659（北部キャパウム湾周辺のシャーバーンに居住する）
専門の捕鯨業の誕生				1600年代後半にかけて、先住民から捕鯨法について学ぶ
	島にバスケット販売の記録あり1686（先住民の製作による）			

1700~1799

	1700	1710	1720	1730	1740
アメリカ合衆国					
ナンタケット島				反奴隷制の戦いの始まり 1733	
ナンタケット島の捕鯨		初めてマッコウクジラを仕留める1712 大型船による遠洋捕鯨が始まる	世界の捕鯨業の中心地になる（第一次繁忙期）		
ナンタケット島のバスケット			先住民のバスケットを研究し、木製の底をベースにするなどの改良を始める		

1750	1760	1770	1780	1790
		ボストン茶会事件1773 アメリカ独立戦争1775～83	合衆国憲法制定1787 ワシントン、初代大統領に就任1789	
		黒人解放の始まり（捕鯨船での労働などが認められた）		
	島周辺の鯨は獲り尽くされた	ここまでの鯨油の仕向け地はイギリス アメリカ独立戦争のあおりを受け捕鯨船出航禁止1775	独立革命戦争のあおりとイギリス海軍の取り締まりによって島の捕鯨は一時衰退。 捕鯨産業界はイギリスが台頭する	

1800～1899

	1800	1810	1820	1830	1840
アメリカ合衆国		米英戦争1812～15		最初の鉄道開通1830	捕鯨船ジョン・ハウランド号が、遭難していたジョン万次郎らを救助1841 アメリカ・メキシコ戦争1846～48 ゴールドラッシュ1848
ナンタケット島					大火で街の中心部が壊滅1846 ミッチェル彗星の発見1847
ナンタケット島の捕鯨		捕鯨産業の再発展（1819年までにほぼ立ち直る）	捕鯨船の航海が2～3年と長期化 難破した捕鯨船エセックス号の乗員数名が救助される1821	第二次捕鯨繁忙期（かつてない繁忙だったが本土のニューベッドフォードはこれを上回った）	捕鯨産業の衰退（1846年以降）
ナンタケット島のバスケット	本土の先住民が島のバスケットを買いつけ、本土で販売をした記録あり		ナンタケットバスケットの確立1820～30（その後1850年代までは、あくまでも生活に役立つ実用品として使用された）		

1850	1860	1870	1880	1890
ハーマン・メルヴィルが小説『白鯨』を発表1851 ペリーが日本に入港1853〜54 油田発見1859	リンカーン、大統領に当選1861 南北戦争1861〜65 奴隷解放宣言1863 最初の日本人移民1868			
クランベリー栽培を始める	捕鯨の衰退により島が孤立（1900年代半ばまで）		最初の鉄道1881 電話の設置1889	1800年代末より本土からの観光客が訪れ始めた
	最後の捕鯨船オーク号1869			
灯台船ニュー・サウスショール号の設置1856 ナンタケットバスケットの小売販売を開始				

1900〜2009

	1900	1910	1920	1930	1940
アメリカ合衆国	パナマ運河建設1903〜14	第一次世界大戦参戦1917〜18 女性参政権発効1920	ウォール街で世界恐慌が始まる1929		太平洋戦争1941〜45
ナンタケット島		沿岸警備隊設立1915 自動車解禁1918			1900年代中頃には不動産の爆発的成長を見る
ナンタケット島の捕鯨					
ナンタケット島のバスケット	灯台船でのバスケット作りの終焉1905		ミッチェル・レイの活躍〜1940	ナンタケットバスケットが〝死にかけている芸術〟と呼ばれた時代	

2000	1990	1980	1970	1960	1950
同時多発テロ2001	湾岸戦争1991	冷戦終結1989		ケネディ大統領暗殺1963 公民権法成立1964 北ベトナムへの爆撃を開始1965 アポロ11号が月面到着1969	「日本国とアメリカ合衆国との間の安全保障条約」の調印1951
		最後の灯台船ナンタケットⅡ号引退1983		アメリカ国立公園局により、島全体が国立歴史的建造物地区に指定される1966	
	八代江津子がアラン・リードに師事1999 New England Nantucket Basket Association設立1999				ホセ・レイエスの活躍〜1960

【主な参考文献】

NANTUCKET（IMAGES of America）：James Everett Grieder and Georgen Charnes（2012）

Nantucket A History for Kids：Patricia Pullman（1988）

Lightship Baskets of Nantucket：Martha R. Lawrence（2000）

『クジラとアメリカ：アメリカ捕鯨全史』エリック・ジェイ・ドリン（北條正司ほか 訳）、原書房、二〇一四年

『白鯨』（上・中・下巻）ハーマン・メルヴィル（富田彬 訳）、KADOKAWA、一九五六年

『復讐する海：捕鯨船エセックス号の悲劇』ナサニエル・フィルブリック（相原真理子 訳）、集英社、二〇〇三年

『エルメスの道』竹宮恵子、中央公論新社、二〇〇〇年

『天理大学アメリカス学会ニューズレター』No.48「文学の中のアメリカ生活誌」（39）新井正一郎（天理大学国際文化学部教授）、天理大学アメリカス学会、二〇〇三年

『地学雑誌』１０９巻１号「19世紀アメリカ捕鯨経済誌」、大崎晃、東京地学協会、二〇〇〇年
『海洋と生物』63 vol.11-No.4「小笠原の捕鯨の歴史」、三木誠、生物研究社、一九八九年
「探検コム」「『鯨油』の経済史・石油で消えた幻のエネルギー」、二〇一四年
「日本からの漂流民」浅沼正和、ハワイ州観光局公式プログラム、二〇一五年
「観光情報 ジョン万次郎」土佐清水市サイト
「日本捕鯨協会ホームページ」

八代江津子プロフィール

New England Nantucket Basket Association 代表。日本ボストン商業会会長。

アメリカ、ナンタケット島のバスケット製作の第一人者、アラン・リードに師事し認められる。

その後、日本に初めてナンタケットバスケットの製作技術を紹介し、その技術と伝統を伝えている。

1999年にバスケット製作の教育を目的とした「New England Nantucket Basket Association」を設立。マサチューセッツ州の各市にてクラスを開講(日本国内のクラスも現在は89か所となる)。

2005年よりナンタケット・ライトシップ・バスケット美術館に作品が展示される。

2006年にはボストンに「グレイミスト」をオープン。バスケットの製作教室や材料の提供を行う。海をテーマとしたセレクト商品も扱っている。

2017年には「日本ナンタケットバスケット協会」を設立。

その他、被災地援助グループTEWASSAの主宰、ボストン日本春祭りの主催、日本ボストン会幹事、日本ボストン映画祭主宰など、活動を広げている。

著書に『時を編む ナンタケットバスケット』(集英社)がある。

ボストン近郊在住。

協　力
New England Nantucket Basket Association
日本ナンタケットバスケット協会

高橋恵子（四谷教室 Senior Instructor）
西あさこ（GrayMist Japan）

企画・構成
立岡ふじ美（リーブクリエイション）

撮　影
藤岡雅樹

図　版
タナカデザイン

制　作
後藤直之　尾崎弘樹

販　売
佐々木俊典

宣　伝
阿部慶輔

編集協力
小野綾子　小松浩樹

Special Thanks
Alan SW Reed
Nap Plank
Ken Kimura

編　集
宮坂保志

責任編集
三上信一

NEW ENGLAND
NANTUCKET BASKET
association

JNBA
日本ナンタケットバスケット協会
Japan Nantucket Basket Association

かご伝
ナンタケットバスケット

2019年8月4日　初版第1刷発行

著　者　八代江津子　©Etsuko Yashiro 2019

発行人　立川義剛
印刷所　大日本印刷株式会社
製本所　牧製本印刷株式会社
発行所　株式会社　小学館
〒101－8001　東京都千代田区一ツ橋2－3－1
TEL 編集・03(3230)5510　販売・03(5281)3555

ISBN-978-4-09-388709-0　Printed in Japan